女神フライアが愛した国

偉大な小国デンマークが示す未来

佐野利男 著

東海大学出版部

The Land Loved by a Goddess Freya : Great Small Country Denmark, a Future Model for Japan

Toshio Sano
Tokai University Press, 2017
Printed in Japan
ISBN978-4-486-02162-9

推薦の言葉（川口順子元外務大臣）

デンマークを写す二つの鏡

一気に読んだ。とても面白い本である。そしてこれからの日本のあり方について深く考えさせられる本である。

著者は元デンマーク大使の佐野利男さん。デンマーク大使として三年間、日本・デンマーク関係の強化に実績を残した。だからこの本は、デンマークの各分野にわたる、ナマの情報と広く深い識見に満ちている。それだけではない。本に書かれたことは、日本国の外交官としての研ぎ澄まされた国際感覚や愛国心、および安全保障、エネルギー・環境分野、経済協力などの長い行政経験に裏打ちされている。デンマークについて知りたい人にはこれ以上の本はないと思う。

佐野さんはこの本で私たちに二つの鏡を用意してくれたと思う。一つはデンマークが見える鏡、もう一つは、その像を日本に重ね合わせて見ることのできる鏡である。

なぜ、デンマークの子供たちは自己肯定力の高いおとなに育つのか、なぜ、デンマークの社会は脱炭素化に熱心に取り組んでいるのか、なぜ、デンマークの介護士は仕事に達成感が持てているのか、そしてなぜ人口五七〇万、面積は九州位の小国が高福祉国家として世界の模範になれているのか。

　これらは今日本が解決を迫られている問題である。日本の人口は二〇五三年に一億を切り、二〇二五年には五人に一人が後期高齢者と予測されている。二つ目の鏡が、答えのヒントを与えてくれるように思う。

　私にとっての一つのヒントは、「自分たちは日本のテクノロジーにはかなわないが、テクノロジーの持っている力を最大限発揮するに適したシステムを育んできた」という文中に引用された言葉にあった。また、デンマーク社会の「個人」尊重の考え方にあった。読者の方々は本のどこに、どのようなヒントを見出されるだろうか。

　実は佐野さんは、二〇〇八～二〇一〇年に私が核軍縮・核不拡散国際委員会の共同議長を、オーストラリアのエバンズ元外務大臣と共に務めた時からの、私の同志でもある。軍縮不拡散の分野での権威で、私は彼の交渉力・説得力や知識から多くを学んだ。また、サポートもしてもらった。ここ二～三年は軍縮会議日本政府代表部特命全権大使として活躍していたから、テレビで国際会議における彼の雄姿を見た人も多いと思う。

　この本には、他にもデンマークとドイツの関係や日本・デンマーク二国間関係の歴史など示唆に富む話題やエピソードが豊富に盛り込まれている。一読に値するタイムリーな良書である。

目次

はじめに

将来モデルとしての北欧諸国

デンマークは「小さな国」です。面積は九州とほぼ同じ、人口は約五七〇万人と北海道や兵庫県並みです。そしてデンマークについての日本人のイメージは「酪農の国」であり「アンデルセンの国」あるいは「世界一幸せな国」といった総じて綺麗なものです。逆にデンマーク人も日本について概ね良いイメージを抱いているようです。「科学技術の進んだ国」、「勤勉な国民」あるいは、子供や若者の間では「アニメ」や「コスプレ」などのポップ・カルチャーが親しまれています。また特に東日本大震災時には「危機時にも礼節を保ち、整然と行動した国民」として驚きと尊敬の念をもって受け止められました。

デンマーク社会の進んだ点については、戦前からこれまで多くの人々が紹介してきました。高い国民所得、高度な福祉国家、ユニークな教育、風力などを中心としたクリーン・エネルギー政策、協同組合経営の農業などです。その多くが、この豊かな社会を支えている優れた制度からわが国が何を学べるか、それをどのように導入できるかという視点に立っていました。しかし、わが国は戦後復興を成し遂げ、高度経済成長の過程で急速に豊かになっていくに従い、自分たちの経済社会運営が正しいと自信を持ち、ひたすらその道を歩んできたように思えます。日本は他国から「見習われる」国になったのです。

しかし、一九九〇年代初頭のバブル経済の破綻、それ以降の「失われた二〇年」、急激に進行した少子高齢化、いじめに見られる公教育の危機、家庭の崩壊などは、これまで私たちが営々と築き上げてきた根本的な価値観を揺るがす状況にまで達しているようです。長引くデフレの下で生まれ育った若者がかつての「右肩上がり」の日本を知らずに成人し、停滞した今の社会環境を当然の状況としてとらえているのは残念なことです。他方この間急速に発展し、ついには日本を追い越した中国等の新興国の目覚ましい台頭が国際社会におけるわが国の立ち位置を難しいものにしています。

このようなわが国の状況を見るにつけ、私は、将来の日本を考える上で、今一度デンマークを見つめなおす価値があると考えます。これを日本の友人たちにいいますと「デンマークは五七〇万人、日本は一億二七〇〇万人。到底モデルにはならない」と一蹴されます。しかし果たしてそうでしょうか。

今、北欧諸国の総人口は約二七〇〇万人です。デンマーク五七〇万人、ノルウェー五三〇万人、スウェーデン一〇〇〇万人、フィンランド五五〇万人そしてアイスランド四〇万人。これらの国々は比較的類似した歴史的・文化的背景を持ち、国際政治の枠組みの中で「北欧諸国」あるいは「ノルディック」として共同行動をとる傾向があります。もし日本が将来「地方分権」を目指し、活路を地方の自主的な経営に求めるとしたら、この「北欧」あるいは「ノルディック」は十分に日本の将来モデルとして参考になるでしょう。

東日本大震災後、原発の将来について議論が熱くなっていたころ、ある地方の指導者が「政府が基本政策を早く決めてくれないと困る」というような発言をしていました。その時私は「なぜ地方が独自のエネルギー政策を決めないのか」ともどかしい思いをしたのを覚えています。地方がその地理的・歴史的

条件の下、その地方に合った最適な政策決定ができる「地方分権」こそ民の声を生かす真の民主主義ではないのでしょうか

なぜデンマークは世界一幸福な国なのか

近年、様々な大学や研究機関が世界各国の「幸福度」の調査を行っています。オランダのエラスムス大学、英国のレスター大学の調査では必ずといって良いほどデンマークが上位にランクされます。また、国連の「持続可能開発ソリューションネットワーク」が二〇一二年以降実施している調査によりますと、デンマークは常に一位、二位を占め、アイスランド、ノルウェーなどの北欧諸国が上位を占めています（日本は五〇位台）。

これらは「幸福度」という人々の主観的な意識をなるべく客観的な尺度で計ってみようという試みですが、この国連の調査の基準を見ますと、経済的に裕福か否か（一人当たりのGDP）、両性の平等性、人生選択の自由の程度、健康な平均寿命、寛容性、社会的支援の程度、社会の腐敗度、などがあげられています。これらは概ね欧米の価値観に沿ったものと見られますが、私たちが生きる社会的環境のあるべき姿を示唆しており、考察に値するものと思われます。それではデンマークが世界有数な幸福な国とされる理由は何でしょう。

富裕な社会

デンマークは経済的に豊かな国です。それが人々の心に余裕を与えています。その一人当たりのGDP（名目）は約五万四〇〇〇ドルとアメリカに次ぎ世界で九位です（日本は約三万九〇〇〇ドルで二一位）。その豊かさの理由はいくつかあるようです。

まず、国の規模（約五七〇万人）に比して強い競争力を有した世界的企業がこの国に存在しています。世界シェア一位を占めるマースク・ライン（コンテナ貨物）、ダニスコ（食料添加物）、ノボザイム（産業用酵素）、ベスタス（風力タービン）、ノボノルディスク（インスリン）、また、世界有数のレゴ（玩具）やカールスバーグ（ビール）などを含め、主要二〇社（株式市場の時価総額の九〇％近くを占めています）がこの国の経済を力強くけん引しているのです。

また、デンマーク企業数の九〇％を占める中小企業も国際競争力が高い輸出企業が多く、ヨーロッパ市場で他国企業との競争に切磋琢磨してきた実績があります。中小企業約二一万社のうち輸出企業が三％程度の日本と対照的です。つまり、デンマーク経済はドイツと同様に、輸出産業が経済成長をけん引しているのです（輸出額がGDPに占める比率はドイツ四三％、デンマーク三四％、日本一四％です）。これは逆に見ますと外需に依存した経済の脆弱性をも有しているといえ、現にリーマン・ショック後のデンマーク経済は大きく落ち込みました。

次に、消費性向が高い点が特徴です。デンマークの可処分所得に対する貯蓄率は過去二五年ほぼマイナスです。これは高度な福祉社会を実現し、教育、医療、介護が原則無料で、国民が将来に対する経済的不安を抱かないこと、国民負担率（税及び社会保障負担、所得税四五～六〇％、付加価値税二五％）が六九％に達するため（日本は三九％）、人々は収入のほとんどを消費に回すなどの事情があると見られます。

女性の解放・男女平等社会

次に、女性の社会進出は大変進んでいて、約七三％が職を有しています。これは男性より数％低いだけで、ここにデンマークは基本的に「夫婦共稼ぎ」社会であることがわかります。この背景には女性を子育てと高齢者介護から解放してきた歴史があります。つまり、端的にいいますと、デンマークは高度福祉社会の形成過程で、一義的に育児と介護の責任を家庭から社会に移し、実質的に女性を家庭から解放してきたといえます。日本の場合、一旦就業した女性たちの約六〇％が第一子をもうける前後に離職してしまいます。そして、終身雇用・年功序列の中、子育て後、再び職を求める時には彼女たちの能力と適性に合った職がなかなか見つけられないというのが現実です。デンマークではGDPの約三割を占める公共セクター（教育、医療、介護など）が柔軟な雇用環境を提供しているため、女性は結婚して出産しても容易にキャリアを続けることができます。もちろん出産休暇や育児休暇は充実しています。また、退職した高齢者が子供や孫たちと一緒に住むという習慣はなく、高齢者は最後まで自立した老後を送ります。介護が必要になった場合は社会が責任を持つため、女性がそれに携ることもありません。

その結果、女性の社会進出は進み、閣僚や国会議員の約三～四割が、また企業の取締役・執行役員の約一五〜一七％が女性です。世界経済フォーラムが発表しているジェンダーギャップ指数（各国の男女格差を経済、教育、健康、政治の四分野についてスコア化したもの）でもデンマークは一四二ケ国中五位、（日本は一〇四位）と進んでいます。

人生選択の自由度が高く、寛容な社会

次に、第1章で詳説しますが、デンマーク国民は人生の選択にかなり高い自由度を享受しています。その理由は第一に職業選択の自由を十分保証する制度にあると思われます。これは第2章で詳説しますが、フレキシキュリティーと呼ばれる柔軟な労働政策のことです。デンマークには終身雇用、年功序列の労働慣行がなく、人々は生涯に平均六回職業を変えます。また、日本の企業のようにオン・ザ・ジョブ・トレーニングの慣行はなく、即戦力のある人材を採用するため、人々は自分の適性と能力にあった職業を求めて転々と職を変えます。従って失業は不断に生じる現象ですが、これを受け止める労働市場があるのです。つまりそこでは失業手当が手厚く、同時に政府は失業者の再雇用を促すために積極的に職業訓練を行い、雇用・被雇用間のマッチングを高める制度を導入しています。これが、結果として労働者の解雇・離職そして再雇用も容易にし、職業選択の自由度を高めているのです。政府はこのフレキシキュリティーの予算にGDPの二％を支出しています（日本では〇・三％）。

また、「デンマーク人が三人寄ればクラブができる」といわれるほど子供のころからたくさんのコミュニティーに属し、友人をつくります。学校ではそのためのソーシャル・スキルを教えます。人々は職場

だけでなくそうしたクラブに帰属感を感じるようになります。ですから退職後に「職場」というコミュニティーを卒業し、行き場を失う日本人とは対照的です。職場は日々の糧を得る大切な場ではあっても唯一のコミュニティーではないのです。ここにも人生選択の幅の広さを見て取れます。

そして、退職後にデンマーク人を待ち受けるのは、十分満足のいく老後です。様々なクラブ活動や、観劇、時に外国旅行を楽しむなど、その老後はアクティブです。つまり、平均寿命は日本人より四〜五歳短いですが、健康寿命は長く、要介護状態になっても、施設側は「高齢者の意思と希望がすべての出発点である」との考えに基づき介護プランを決めていきます。高齢者が在宅介護を望めば、施設側が介護士や看護師を派遣して、その希望に沿うよう最大限の配慮が払われます。

このように、デンマークの社会は人々の個性的な生き方に寛容です。デンマーク国民は人生を通じて直面する様々な選択に高い自由度を享受しているのです。

社会的支援の程度

高度社会福祉国家を誇りとするデンマークの社会的支援には手厚いものがあります。第3章に詳細を述べますが、教育、医療、介護は原則無償で、学校教育についていけない子供たち、失業者、要介護者、身体障害者などに対し、国が高い保障を提供しています。これが（例えば障害のある子供を抱えた）家庭における将来不安や失業時の不安、健康への不安、さらには老後の経済的不安などを相当程度軽減しているようです。国民負担率は約七割と高いのですが、国や社会が国民の不安を最小限にする支援体制を制度化しているといえます。多くの識者が、この不安感の払拭が幸福感を感じさせる背景になっていると指摘しています。

クリーンな社会（低い腐敗度）

次にデンマークでは政府や企業の腐敗が少なく、クリーンな社会を築き上げてきたといえるでしょう。トランスペアランシー・インターナショナル（TI）（注）が一九九五年から公表している「腐敗認識指数」がそれを裏付けています。これは実証的なデータに基づいたものではなく、その国の公務員や政治家の腐敗に関する「認識」を示したものです。TIの調査は一〇の国際機関によるビジネスマンや専門家へのアンケートを基にしていますが、これによりますと、デンマークはフィンランドやスウェーデン等他の北欧諸国と並び、世界で最も腐敗の少ない国と認識されています（日本は一八位）。実際、デンマーク人のルールを遵守する意識には高いものがあります。車の運転・駐車のルールから社会的エチケットなども子供のころから「他者を尊重する」ことを身につける学校と家庭教育の賜物だと思われます。

また、教育や介護など住民に身近な社会福祉事業を実施する地方自治体の議員はほとんど無給です。その背景にはビジネスに成功して、経済的に余裕のある人や政治に強い関心を有する人が政治に関与する場合が多いからです。彼ら地方議員たちは仕事の合間をぬって、予算委員会などに出席します。議員の仕事が無料奉仕ですから、委員会も夜間や週末に開かれることもよくあるようです。議員はもちろん選挙により選出されます。しかし、政治はその地方の状況をよく理解し、高い志を持った者が問題を解決する職業であって、それによって財を成す職業ではないのです。

このようなクリーンな政治・行政に対する国民の信頼度は厚く、従って高い国民負担率にもかかわらず、予算の適正かつ公正な配分に対する国民の信頼も高いのです。

以上見ましたように、デンマーク社会は、富裕で両性の平等が徹底し、人生の選択度が高く、寛容で、社会的支援が手厚く、健康寿命が長くかつ腐敗の少ないクリーンな社会といえるでしょう。これらが総合的に「世界一幸せな国」と評価される背景にあるようです。しかし、このような社会的環境が最高でもその「舞台」の上でプレイする一人ひとりがどのような国民であるかが重要です。つまり社会の構成員である人々が実際「自分は幸せだ」と感じるには、以上の基準に加え、その底流に何かがあるように思えてなりません。それはどのようなものなのでしょうか。

まず幼児期・小学校における基本的な教育がその鍵であるように見受けられます。第1章で詳説しますが、その基本は少年期に十分な自尊心・自己肯定意識を育み、自己と他者の差異を受け入れたうえで他者を尊重する教育にあります。他者の個性を尊重し、他者に寛容であるということは、逆に自分も他者により認められることを意味します。教育は主要五教科よりもソーシャル・スキルの習得に重点が置

（注）トランスペアランシー・インターナショナル（Transparency International : TI）
腐敗に取り組む世界各国の団体を束ねる国際的NGO。一九九三年に設立されベルリンに事務局を置き、毎年各国の「腐敗認識指数」を発表しています。TIは一九九〇年代以降、腐敗問題を国際社会の問題として認識させました。この貢献により、現在では世界銀行やIMFが腐敗を途上国の開発を妨げる要素と認識しています。また、先進国との関係ではOECD贈賄防止条約の成立にも貢献しました。

かれ、例えば「友達と仲良くなれる能力は、算数ができるのと同じく重要だ」と教えているのです。ちなみに中学二年生（八年生）まで五教科のテストはなされません。

次に中等教育期になると、十分な自己肯定意識を持った少年・少女たちは自己実現つまり自己の個性や適性を開花させるために学習をします。ここで五教科が入ってきますが、日本のように五教科の「客観テスト」という統一基準によって若い生徒の能力を計り、序列化し、偏差値で大学が決められるような制度ではありません。教育は一人ひとりの子供たちが自分の能力、つまり得意とする長所や強み、さらには適性に目覚め、それを開花させるお手伝いをすることにあります。自分独自の適性や個性に自信を持って、将来の職業選択を視野に入れて「わが道を歩む」、成熟した「おとな」を育てることにあるのです。ちなみに教育は無償で、人々はいつでも学校に戻れるし、やり直しが効きます。

こうした成熟し個性的な「おとな」を育てる教育が「他人は他人、自分は自分」という意識を育て、自分の目標達成に喜びを感じる土壌を育んでいるように見受けられます。

こうして個性的な「おとな」となったデンマーク人は上述の「舞台」あるいは社会環境の中で、将来の夢や希望の実現に向かって進みます。自分自身の達成感をもとめて。そして、「何か違うな」と感じた時や問題を抱えた時には新たな職業に挑戦していくのです。それが許される、「やり直しの効く」社会なのです。

最後に、デンマークでよく使われる「ヒュッゲ（hygge）」にデンマーク人が「幸せを感じる」秘訣があるように思えます。翻訳するのが難しい言葉の一つですが、「居心地の良さ」くらいでしょうか。例えばよく例に挙げられるのは、「冬の夜長、暖炉の火がとろとろと燃えているリビングルームで、暖かい手編みのセーターを着こみ、家族や気の置けない仲間とともにホットワインや手作りのペイストリーを食べながら、ゆっくりとした時間を楽しむ」といった雰囲気です。

実際デンマークには「受験勉強」や「企業戦士」なる言葉はなく、学校も職場もし烈な競争の場ではありません。大学入試がなく、高校三年の最後に行われる試験を参考に学生たちは自分の進路を決めます。高校生たちは、無償でいつでも戻れる大学にすぐ進学する必要もなく、じっくりと将来を見据えて進路を考えます。進学塾などはありません。職場でもカジュアルで気楽な雰囲気の中で仕事をし、五時ごろには帰宅して家族と伴に食事をします。家族的な雰囲気が好きなのでしょう、職場でもスーツというよりジーンズで、家族のような暖かい雰囲気の中でストレスを感じないお付き合いをするのを好むようです。もちろん若干誇張していますが、この「ヒュッゲ」の心が学校、職場、病院、介護施設などで好まれ、他人を楽しませる中で自分も居心地の良さを楽しんでいるようです。

このような主観的な要素は各国により異なると思われ、国連も幸福度の基準としては設定することは難しいと考えられますが、デンマーク国民の幸福感を語るうえでは見逃せない要素だと思われます。

コラム　遣欧使節団の見たデンマーク

一八七一年岩倉具視を筆頭に、大久保利通、伊藤博文ら総勢約一〇〇人からなる遣欧使節団がヨーロッパ各国を訪問します。数年前に明治維新を成し遂げ、わが国が近代国民国家としての道を歩み始めるに当たり、その指針あるいはモデルを求めての旅でした。佐賀藩士の久米邦武が一年九ケ月にわたる大旅行記を仔細に書き留め、「米欧回覧実記」にまとめています。一行は一八七三年四月一八日にデンマークのコンソール港に到着し、二三日にマルモ（スウェーデン）に移動するまでコペンハーゲンに滞在します。久米はコペンハーゲン市内の様子などを興味深く記すと同時に、デンマーク人についても述べています。

その記述は要するに三点にまとめられます。第一にデンマーク人の国民性を、質素で、懸命に働き、人との信義を重んじ、生活も素朴であるとしています。第二に、ナポレオン戦争など幾多の敗北後も、士気は高く、強固な意志を持って奮励努力する精神を有しているとして、小国の気概を称賛しています。そして第三に第二次スレスヴィヒ戦争（一八六四年）の敗北による対ドイツ感情の強さです。久米は「（デンマーク国民は）ドイツ人に対しては怨恨の感情を持ち、いつかかならずや報復するという強い意志を崩さず、口々に子孫の末まで決してドイツ語は喋らせないという。その自主の気概の強さはこの通りである。」と記しています。

事情に詳しい村井誠人早稲田大学教授は、これら遣欧使節団の視察記録から、当時日本が見習うべき近代国家のモデルをヨーロッパの大国よりもむしろデンマークのような小国に見たことが読み取れる、としています。しかし、その後日本は一〇年もしないうちにドイツ統一を果たしたプロイセンの立憲君主制に倣い、大国を日本のモデルとする方向に向かったとしています。

第1章　自立した「個人」の確立をめざして（デンマークの教育）

わが国では明治時代より「教育は国家一〇〇年の計」といわれ、官民挙げて教育立国をめざしてきました。これは西欧に遅れて近代化の道を歩んだわが国における教育の重要性を強調したものです。明治以来、アジア諸国が次々と欧米列強により植民地化される中、わが国は明治維新を達成し、後発資本主義国として「富国強兵」、「脱亜入欧」の道を急ぎ、欧米列強に追いつき追い越すことを国是として近代化を進めました。そして、そのために求められる国民教育がありました。教育勅語、国定教科書、道徳教育（修身）、家父長の下の躾教育、それらが日本の近代化に求められる人材の育成のため、ほぼ同方向を向いていたといっても過言ではないでしょう。そして、この東アジアの小さな島国は欧米諸国による植民地化の怒涛に対し、果敢に戦いを挑み、日清、日露の戦争に勝利し、第二次世界大戦前、国際連盟の常任理事国にまで上り詰めます。そして、敗戦。

戦後は荒廃から立ち上がる過程でアメリカによる自由・民主主義や教育観が導入されました。そして国土復興と奇跡的な高度経済成長を成し遂げる中で「期待される人間像」に沿って教育がなされてきました。勉強して良い高校に入り、有名大学をめざし、一流企業に就職して、終身雇用・年功序列の下で生涯勤め上げ、安定した生活を送る。それが「日本における成功モデル」として各家庭に共有されたのです。その結果偏差値による学生の区分、東大・京大・早慶を頂点とした大学間格差、そして旧財閥系の大企業を頂点とする企業間格差が生じたのです。

一九八〇年代に欧米に「追いついた」日本には、いわゆる「ヴォーゲライゼーション」なる現象が生じます。すなわち、当時「ジャパン・アズ・ナンバーワン」を著したハーバード大学教授のエズラ・ヴォーゲルは、西欧に追いつき追い越した後、日本が国家としての目標を喪失し、国民の価値観が多様化する中で、様々な問題が生じてくるであろうと看破していました。さらに九〇年代に入りますと、K・V・ウォルフレンはその著書「人間を幸福にしない日本というシステム」(原題:The False Realities of a Politicized Society)の中で、日本社会は政府・財界の指導者達による価値観、すなわち、とめどのない生産能力の拡大や経済成長を目標とする「会社至上主義」の下、家庭が犠牲となり、中産階級が抑圧されてきたとし、日本というシステムそのものが人を幸福にしない、という刺激的な問題提起を行いました。その論の成否は別として、この主張は少なくとも当時の日本社会の一面を如実に示しているものと思われます。

このようなわが国の戦前戦後を通じた近代化の歴史的文脈の中で、教育は大変重要な役割を果たしてきました。戦後の学校教育は多くの良質な労働力を提供して日本の経済成長を支えてきました。しかし、近代化を成し遂げ、人々が多様な価値観を持つようになった現代社会において、教育がこれまでのような姿のままで良いのでしょうか。今後百年を見据えて「将来の日本に求められる人間像」は何なのでしょうか。

今、わが国は少子高齢化の中にあり、過去四半世紀、子供たちは右肩上がりの経済成長を知らないまま育ちました。にもかかわらず、多くの子供たちは依然として従来の価値観や「成功モデル」に基づいて自らの生き方を決めているのが現状だと思われます。その結果このような価値観に反抗し、あるいは馴染めない子供達による抵抗が校内暴力や「いじめ」を生み、公教育の危機を生み出してきたものと思われます。また、当然予想されて良かった性の若年化への社会的対応の遅れが、若者達の性的混乱を生み、コマーシャリズムのつけ入る隙を作ってきました。このように社会的価値観の多様化に伴い、教育現場における価値観も流動化する中にあって、果たして従来と同じような「成功モデル」を維持していけるのでしょうか。戦後日本社会の制度的基盤を支えてきた価値観が揺らぎ、状況が流動化し、時には「倒錯」する中で、その「成功モデル」自体を変えていくことやそれに代わるモデルを示すことが必要なのではないでしょうか。

「教育が一〇〇年の計」であることは依然真実でしょう。国家が将来ビジョンを示すことは重要です。しかし、今後私たちが成熟した社会に入り、真に民主主義を深化させ「日本人による、日本人のための国家」を創っていくためには、一人ひとりに合った「成功」が在って然るべしです。そしてその前提として、自分の夢を実現していく「力強い個人」の確立が必要です。その時、教育主体はもはや国にではなく、一人ひとりの個人あるいは家庭にあるのでしょう。自分の夢を追い求めるために自分を教育する、そういう環境を整備していくことこそ新しい教育に求められているのだと考えます。換言すれば、国家や社会が個人に価値観を示すだけではなく、個人が自ら「自分はこう生きる」といえる個人を育むよう、教育が見直される必要があるのではないか。そして、その「力強い個人主義（lugged individualism）」を身につけた日本人は、わが国が営々と築いてきた伝統的価値観を体現すると同時に、国際社会で伍していける能力と視野と寛容性を身につけなければなりません。そういう日本人が拡大再生産されていく時、

「真の日本人による民主主義」が実現されると考えます。

筆者はその将来像の一端をデンマークの教育に見い出します。「個人の確立」の観点からは、日本社会は欧米に追いついたどころか、まだまだ道半ばの感があるのです。

自尊心を育む

幼児教育、義務教育期間

デンマークに住んで気づくのは、子供たちが自由闊達に振る舞い、その瞳が輝いていることです。これは社会に出たばかりの若い人々も高齢者も同様です。筆者はかつて途上国の開発援助を担当していたとき、何度もアジア・アフリカ諸国に足を運んだのみならず、インドネシアには四年ほど滞在し各地を回りました。強く印象に残っているのは、貧しいけれども生き生きした子供たちの輝く瞳です。そのとき日本も含め発展した国の子供達は一様に勉学に疲れ果て、常に寝不足のような目をしているものとばかり思い込んでいました。成熟した先進国のデンマークの子供たちに再び生き生きした瞳を見い出すとは思いませんでした。何故か？　それはどうやらこの国の教育にその秘訣があるようです。

デンマークの教育現場には中学校二年まで学科試験というものがありません。筆者は二〇一〇年秋に赴任して最初の頃にこの話を聞いて、何となく「緩い教育だな」とか「さぞかし生徒たちの学力は低いのだろう」位の感覚しか持ちませんでした。しかし、ある時デンマーク滞在四〇年になる日本女性（大野睦子ビヤーソウー女史）から、概ね次のような話を伺い、デンマークにおける教育の神髄を垣間見た気がしました。

　長い間大野さんはデンマークの保育に携わってきました。そこで、たとえばある日、保育園全体で遠足に行くことになったとします。先生方は翌日の遠足のために色々企画や準備をします。しかし、当日になってミケル君五歳が、自分は行きたくないといって聞きません。そんな時、日本の保育園や幼稚園ではどうしますか。体調が悪いときは仕方ないとして、おそらく「ダメよ、ミケル君。皆で行くことになっているから。さあ、いらっしゃい。」というでしょう。園児たちが一緒に行動してくれた方が都合も良いし、そもそも園で一旦決めたことを守らない子がいるのを無意識のうちに認めてはいけない、と感じてしまうのでしょう。

　それではデンマークの保育園ではどうでしょうか。まず先生が、ミケル君と話をします。そして、ミケル君が本当にわがままでそういっているのかどうか、良く先生の目で判断します。そして、もしミケル君が自分の希望で園に残って自分の好きな、例えばレゴ遊びをしたいことなどが分った場合、一人の先生が園に残り、ミケル君の希望なり選択なりに合わせるそうです。そうすると一人ひとりに手間がかかって大変です。でも、デンマークでは少人数の子供に何人かの先生たちが丁寧に対応するのです。

　さて、希望通り一人園に残ったミケル君はどうなるのでしょうか。大野さんは「ミケル君は自分の気持ちや希望を受け入れてもらったと感じ、他者が自分を尊重してくれたという喜びが湧き、自尊心が育つ」といいます。「自分は他の誰とも違うが、そんな自分を尊重してくれた」という意識が自己肯定感を

図1.1　森の幼稚園（谷口聡人氏提供）

幼い子供たちを森の中で自然体験させることで感性が磨かれるといいます。1950年代、デンマークの母親エラ・フラタウ（Ella Flatau）が森の中で保育をしたことに始まり、世界中に広まりました。東日本震災後、東松島市の公立学校がこの考え方を取り入れたようです。保育士たちは子供たちに指示することよりも、むしろ同じ目線で接し、子供たちの成長を待つという姿勢が大切のようです。

育み、個の成長に資するというのです。そこで、一つ疑問が湧きます。こういう教育の中で育った子供たちは「わがまま」まで行かなくても自己主張の強い、妥協を知らない人間に育ってしまうのではないか、という不安です。私の実感では確かにそういう面もあるかもしれません。といいますのもデンマーク人はよく自己主張し、容易に謝りません。不用意に自分の失敗を認めることをしません。むしろ「日本人は謝り過ぎだ」といいます。しかし、そういう仕方で育った子供たちは他の子供たちも自分と同じように認められて育った「他者」であるという意識が芽生え、自分と対等なる他者を自然と認めるようになるといいます。そのようにして中学二年生程度までは自尊心、自己肯定感を十分育み、他者とは異なる

「個」の育成に重きが置かれます。

学科よりもソーシャル・スキル

次にこの大切な時期、つまり日本の小学校から中学二年生まで、学校は算数や社会・理科などの学科よりもむしろソーシャル・スキルに比重を置きます。ソーシャル・スキル、つまり将来、成長して社会人として生きてゆくために必要な様々な能力や智恵、作法やルールなどを「身につける」ことに教育目標が置かれます。学科も当然教えるわけですが、その比重は決して大きくないようです。

筆者が訪れたコペンハーゲン郊外のデン・リレ・スコーレは閑静な住宅地にある私立学校（デンマークでは珍しい）ですが、応対してくださったライラ・アナセン校長は次のように話してくれました。

「この学校は、将来子供たちが社会の良きメンバーとして受け入れられるよう、また民主主義の良き担い手として社会に貢献できるために必要な能力、すなわち「社会性」「責任感」「挑戦する精神」を育てています。そのために意識的に上級生と下級生が一緒のクラスを編成し、年齢の異なる相手も友人として受け入れることができるよう、また、自分は他の生徒とは異なる存在であることを学ばせています。

たとえば得手不得手は人によって当然異なりますが、ここでは、「すぐに友達を作れる能力」は「算数ができる能力」と全く等しく、どちらも大変素晴らしい能力だと教えます。また、「老人に優しい子」についても「その特技は英語ができるのと同じように素晴らしいのよ」と教えるのです。また、特に注意しているのは学校が子供たちにとって、物理的にも心理的にも安全な場所で、一人ひとりにとり「居心地の良い場所」であることです。学校は楽しい場所でなければなりません。そのために、先生たちは上級生と協力しつついろいろな工夫をしています。たとえば先日は「アップル・デイ」を決め、その日に向かって各クラスが様々な催しを準備しました。それはリンゴに関するワークショップのようなもので、あるクラスはリンゴの料理について、他のクラスはリンゴの育て方、またあるクラスは聖書における禁断の果実のお話を準備しました。そうすることでリンゴを様々な視点から学ぶのです。また、ある日はたまたま、私が旅行したことのあるケニア共和国についてその民族ダンスやテンポの早いリズムを紹介して、同時に貧しい社会の実態を学びました。生徒たちからはケニアの子供達を支援しようという声が出て、一キロメートル歩くたびに五クローネを寄付し、それをケニアの小学校に寄付しようとの提案がされ、結局両親たちも巻き込んだ動きになったこともあります。また、あなたの訪問するずっと前に、当地の寿司ブームに乗って、日本についていろいろやってみました。子供たちはマンガやアニメだけではなく日本が先進技術の国であると同時に着物や俳句など伝統を大切にしていることもわかったはずです。こうした催し物を次から次へと行い、それらを通して子供達は自らの興味に従って学びたいものを学び、先生たちは子供たちのモチベーションを高めるための工夫をします。

宿題も出ますが、それは例えば「君のお父さんやお母さんが、君たちを幸せにするために何をしているかについて観察してきなさい」など他愛もないものです。ただ、子供たちの好奇心を呼ぶような課題を出します。

教育内容について、教育省は大枠の指針を出しますが、実際何をどのように教えるかはほとんど教師に任されていて、校長が口を出すこともほとんどありません。教師の自主性と創意工夫に負うところが大きいのが実状です。先生達は若くても自分がこれまで生きてきた経験を授業にいかに生かせるかに腐心します。教科書は何種類かありますが、それに沿って教えることはほとんどなく、参考にする程度です。子供の学習の進み具合を知るためにテストをする必要はなく、何年も一緒にいる教師たちが十分把握しています。小学校の担任は通常四年以上同じクラスを担当します。いじめはほとんどありませんが、問題がある場合は早めに両親と相談します。深刻になったことはありません。上級生は下級生の面倒をよく見ますし、よく相談しているようです。」

さて、こういう文脈で学科テストはどういう意味を持つのでしょうか。確かに私達は、テストをしないと学習の進捗を計ることができないのではないかという心配をするでしょう。しかし、学習の進度も子供の成長も親や先生たちが常にその子を見ていれば自ずとわかる、逆にそれが親なりプロとしての先生達の仕事だといいます。クラスは生徒二五人が最大ですが、筆者が訪れたクラスはいずれも二〇人を下回っていました。そこでは日本のように一斉にテストし、成績表などを記録に残すことはしませんし、またそうすべきではないと信じているようです。また、そもそも中学二年生までは学科よりも社会に適合する能力や社会に貢献する姿勢などの社会性を身につけることの方がずっと重要だという基本的な考え方の違いがあるようです。従って、当然ながらこの頃の子供たちが通う学習塾はありませんし、必要もありません。

筆者は学年の異なる生徒たちを混ぜたクラスがたくさんある点について、「たとえば上級生によるいじめは起きないか」と質問してみました。その答えは「子供たちは親しくなるとお互い兄弟のように思い、むしろその上級生が下級生をいじめから守る」ようです。また「そもそも実社会は様々な年齢層の人が一緒に生活する場所ですから、それを学校の段階から身につけることも重要です」といいます。なるほどと納得します。

放課後、子供たちは日本でいう「学童」に参加するか、家に帰り所属するスポーツクラブで汗を流すなどしてよく遊びます。そして、ほぼ定時に帰宅する両親とともに家族全員で夕飯の食卓を囲むのが普通の家庭のようです。

学科のテストについていえば、テストをして自己肯定感を得るのはせいぜい上位の一〇%ぐらいで、残りの子供たちは大部分が自己肯定感どころか不快感、時には自己嫌悪感を抱くことになるでしょう。そして、その結果が本来子供たちが持っている好奇心、陽気な心、自然や科学への驚きや興味を失わせてしまうとしたらテストは百害あって一利なしです。また、学科試験により、他の子供たちと同じ尺度で測られ、順位付けされる事にどれだけ意味があるのでしょうか。その尺度が人生や社会におけるほんの一面でしかない場合はなおさらです。そんな不完全で部分的な尺度で以て、計り知れないほど豊かな子供たちの可能性を測れると考えること自体が不遜であるといわねばなりません。

さて、そういう風に育てられたデンマークの子供たちは九年生になるとどういう人間集団になっているのでしょうか。それを「豆の集団」にたとえれば決して一種類の豆の集団ではないでしょう。むしろ青豆とか赤豆とか色も大きさも種類も異なる個性的な豆の集団というイメージに近いかもしれません。逆に、同じ尺度で学科テストを日常的に受け続けてきた日本の子供たちは、種類も色も、大きさもほぼ同じような集団になっていることでしょう。そして、ひょっとして、その中には疲れ果てて十分成長しなかった豆、すなわち自己肯定感を失った子供達も交じっているかもしれません。そういう豆が自己を受け入れてくれなかった学校社会に対し異議を申し立て、時に不協和音を出すのはむしろ当然でしょう。それを変わり種（alien corn）として扱えば扱うほど問題が複雑化するのは目に見えています。あなたはどちらの豆の集団に魅力を感じるでしょうか。

社会は君を必要としている

このように、九年生までの教育で人間としての自尊心と社会性を身につけます。これは一見何処の国の教育でも当然行われているように思われますが、デンマークの場合特に強く、「社会が君たちを求めているのだから、早く独立して社会に出て欲しい」、という教育をしているといわれます。

デンマークの基礎教育現場に行きますと、生徒たちとの対話に主な時間が割かれていることに気づきます。低学年ですと、たとえば「遊んで良いところといけないところ」とか、「学校に食べ物やゲームを持ってきて良いか悪いか」など、日本の場合では担任の先生方が決めてしまいそうな注意事項も議論のテーマに使っているようです。議論を通じてたとえば工事中の場所では遊んでは危険だとか、ゲームは水曜日だけ一時間はいいとかのルールを自分たちで決めさせるといいます。校則を話し合いで修正していくことは珍しいことではないようです。

六年生ぐらいになりますと、様々な社会問題をトピックにするようです。中には両親が同性婚の子供もいて、性についてもタブーではないようです。「売春は良いか悪いか」など日頃大人の社会で議論されそうなテーマについても先生と生徒たちの間で様々な意見が出されます。前述しましたが、教科書も一部は共通のものもありますが、それに沿って授業が進むということはまずないようです。また、そもそも現実にメディアで話題になるトピックについて、教科書などは必要ありません。教師たちはいろいろな資料をその都度用意し、紹介します。そして、ある主題について生徒に賛成と反対の立場を取らせ、生徒たちは自由に意見を出し合います。権威主義を嫌うこの国では先生も生徒もファーストネームで呼び合い、教える側と学ぶ側の壁が低いよう思えます。先生たちが一方通行に生徒に「教える」のではなく、先生は人生をより長く生きてきた「先輩」として議論を大局から眺め、活字ではなく「生きた言葉」で議論を誘導していきます。つまり、子供達は小さい頃からいわばディベート教育を訓練されているようなものです。先生達は生徒を啓発し、教科書ではなく、現に生じている問題を中心に生徒たちに考えさせ、解決方法を議論させるのです。それを身につけることがこの時期の教育の目標であり、知識や学業成績は目的ではありません。学ぶべきはHOWでありWHATではないのです。従って、高校以降のテストでも知識を問う問題は主流ではなく、あくまでもその子がどのように考え、どのように問題解決に向かっているかを問う論文形式が主流のようです。

少し脱線しますが、これを見ると私の娘が通ったアメリカの教室を想起します。娘は一九九三年から約四年間、ニューヨーク州ウェストチェスター・カウンティーの公立小学校に通いました。英語もままならず飛び込んでいった娘は、生徒たちから好奇心と暖かい気持ちで迎えられたようです。初日の授業を終えた娘に家内が心配しつつ感想を求めると、「面白い！」というではありませんか。数を覚えるのにビンゴを使ったとのこと。娘は次の日から迎えに来るスクールバスに飛び乗って行ったといいます。ある日、授業参観があり、私は家内と共に内々心配しながら参加しました。そこでは先生が黒板に向かってチョークを手にして教科書に沿って教える風景はありませんでした。先生が出した口頭での質問に生徒たち全員が手を挙げています。恥ずかしがる子はほとんどいません。シャイであることは美徳ではないのです。先生がある男の子を指すと、その子は質問と全く違う答えをします。明らかに聞いていなかったか、質問を取り違えています。でも先生は、それを咎めたりすることなく、次々と子供たちに答えさせます。トンチンカンな答えが次々と出る中で、先生が質問について少し詳しく解説します。すると、またどの子も手を挙げて答えたがります。そんな中で娘は、そっと手を挙げています。日本人一人の教室で、何となく自信なさそうです。先生が気を遣ったのか、「エリカ！」と指します。娘は何か的が外れた答えをします。それでも誰も笑ったりしません。皆トンチンカンなのですから。どんどん子供達が手を挙げます。そういう風景が三〇分ほど続いたでしょうか。そうすると、不思議なことに何となくある程度の方向性らしきものが出ているのです。先生は自分の考えを押しつけません。正しい答えなどもともと重要ではないのです。先生は子供たちに議論をさせ、大枠で見守りつつ、方向を徐々に誘導しているように見受けられました。そして、答えのないまま、漠然とした方向性を残して授業は終わります。後に残ったものは、先生の啓発に応える生徒たちの膨大な数の答えと積極的な態度、そして発言者へ耳を傾ける姿勢でした。

次の時限では生徒達を小グループに分け、各々のグループがテーマに基づいてプロジェクトを行います。例えば娘のグループは「アメリカ先住民の生活」でした。これを一学期を通して行います。先住民（いわゆるネイティブ・アメリカン）がどのような生活をしていたかを図書館に行ったり、当時流行りだしたインターネットや関係者へのインタビュー（たまたま娘の担任の先生はネイティブ・アメリカンの子孫でした！）を通じて調べます。この調査方法を身につけることも大きな教育目標の一つです。そして、各人が調査した項目、すなわち先住民の住居がどうであったか、服装、履物、装飾、食事、そして祭り、掟、長老とのミーティング、さらには男女の役割等々がわかってきます。子供達はそれをレポートにしたり、絵に描いたり、表にしたりし、最後はミニチュアの先住民の集落が作品として造られていきます。そして、学期末に発表会が持たれるのです。

この過程で先生は対話を通じ、適切な問題意識を子供達に持たせます。先住民の祭りの意味は何か。なぜ、西部へと追いやられていったのか。なぜアメリカの騎兵隊と戦ったのか、等々です。答えが押しつけられることはありません。ただ、子供達は自分たちが一学期を費やして造った作品「ネイティブ・アメリカンの村」が騎兵隊により火を放たれ、破壊され、彼らが西へ西へと放浪せざるを得なかった歴史、そして現在は保護区に住むに至った現実を学ぶのです。そこに見られるのは、浅く広く万遍なく史実を学ぶ授業ではなく、個別の事例について深く学ぶ姿勢及びそのための調査方法や手順です。

こういう教育こそが実社会で必要なものなのかもしれない、と当時感じたものです。一つの問題の解決のため、調べる方法を身につけ、自分なりの考えを持ち、それを発表する。そして他者に耳を傾け、さらに問題解決への道を追い求める。学校はそのための日々の訓練の場なのです。私のデンマークの友人はこのような教育を「アクティベイトされた教育」と呼んでいます。確かに知識を得ることは重要です。しかし、何のための知識か。子供達と「問題解決」について共に考え、議論し、社会の構成員としての自覚を育む教育がここにあります。因みに、デンマークには「引きこもり」という社会現象はありません。社会が抱える問題を解決するために「社会が自分を求めている」との意識が育まれているからだといいます。

自己実現のための学習

高等教育

そういう形で中学校まで育てられた子供たちの心には「自分は自分、他者は他者」として独立心とともに社会に出て行こうとする意欲と社会性が育ちます。そうすると、やがて次に自分が何をやりたいのか、将来何をしたいのかを考える時期がやってきます。そして、高校生たちは自己の夢や希望を実現するための手段として勉学の必要性を意識するといいます。その段階ではじめてテストが導入され、学課の成績を巡る競争が始まります。そして、自己の希望する進路を具体化していくプロセスが始まります。この時期までには自尊心が十分育まれており、テストをして他者と比較され、その結果が仮に他者より劣っていたとしても自己嫌悪に陥ることなく、ある面で自分より優れた他者が存在することを当然認められるようになっているといいます。

デンマークでは義務教育終了後、約五〇%が職業専門学校あるいは高等教育コース、約四〇%が普通高校、約一〇%が直接社会に出ます。高校では大学受験をめざして受験に邁進する姿は見られません。というのも、そもそも入試がないからです。卒業時に行われる試験の成績(平均点)がその生徒の成績として総合的に判断され、生徒間のいわば「成績の順位付け」がなされます。この卒業試験は公平性と客観性を確保するため教育省が直接監督します。生徒は自分のスコアで自分が何処の大学のどの学部に行けるかがわかります。従って有名大学のための学習塾というものもなければ、試験勉強のため「大学浪人」することもありません。あくまで高校卒業時の成績で子供たちは行ける大学の希望する学部に進みます。

あなたは、日本で行われている「一回勝負」の大学受験と普段の学校生活の延長としての卒業試験を通じて得られた成績により入学が判断されるのとどちらがその人の実力が測れると思いますか。

また、大学進学率は約三〇%と比較的低く、高校卒業後すぐ大学に進学する生徒も、就職する生徒も少数です。つまり、高校卒業後は数年間、いわば「世間を知り己を知る」ために「世の中をぶらぶら」するのです。海外に行く生徒も結構多いようです。また、ここにデンマークのもう一つユニークな教育制度があります。それはフォルケ・ホイスコーレという教育制度です。これは一九世紀に設立された国民高等学校で、今でも約七〇校ほど存在します。それはフリースクールのようなもので、通常は全寮制で三ケ月から一年間ほどいわばクラブ活動をして過ごします。科目は語学などの学科もありますが、作曲、楽器演奏、写真技術、演劇やスポーツなど、自分の希望に合わせて、ゆったりと仲間達と学びます。ここでも試験はなく、成績評価はつけられません。ここで面白いのは、彼らが就職するときにフォルケ・ホイスコーレの経験が結構高く評価されることです。フォルケ・ホイスコーレの卒業生は「幅のある面白い人間」として受け入れられるようです。大学教育は無料ですから、何時入学しても良いし、一旦就職してまた何時戻ってきても良いのです。また、異なる学部で勉強し直すことも無料です。ですから、高校生たちは大学に入ることを急ぎません。様々な経験を積んだ後、自己を見つめ、何を学びたいのかを目星を付けて、資格を取る為、行ける大学の行きたい学部を選択します。また、退職した人々が好奇心に従って再び大学（院）に入り、若者と混じって勉学することも希ではありません。

コラム「汝の希望を星につなげ」

二〇〇九年、デンマーク東海大学中高等部（シェラン島プレスト）が「望星ホイスコーレ」に衣替えしました。望星ホイスコーレはデンマーク政府が公式な教育制度と並行して運営する国民高等学校（フォルケ・ホイスコーレ）七八校の一つで武道を含むスポーツに重点が置かれています。。国民高等学校は、学生が半年ほど先生たちと宿舎生活を送り、対話を重ねる中で自分の生き方や進路を見つめる時間を持ち、自己を成長させるいわば「成人教育機関」です。一八歳以上ならだれでも入学でき、実際国民の約一割がこの教育機関を利用しています。入試はありません。

旧逓信省官僚であった松前重義（東海大学創始者）は、内村鑑三の聖書研究会を通して近代デンマークの精神的支柱であるニコライ・グルントヴィーの教育思想に触れ、ドイツ滞在中にデンマークに足を延ばします。グルントヴィーはナポレオン戦争時、退廃した知識階層や支配階層に落胆し、農民の覚醒に期待して啓蒙運動に奔走します。彼らから低く見られていた農民を水仙（農民の花）にたとえ、チューリップなど色鮮やかな花に先駆けて咲く水仙が知識層や支配層より先に信仰に目覚めることを期待し、キェルケゴールなどとともに宗教・教育運動に奔走しました。

一八六四年、デンマークが第二次スレスヴィヒ戦争に大敗し、南部の二州を失い、愛国的風潮が高まります。その時開拓と植林に奔走したE・ダルガスと並び、彼の創設した国民高等学校が民族的アイデンティティーを鼓舞する役割を果たしたといわれます。今でも国民高等学校は、成人教育の場として重視されており、「望星」はグルントヴィーの教育思想に感銘した松前重義が「若き日に、汝の希望を星につなげ」と熱い思いを若者に託した言葉です。

よくいわれることですが、例えば米国においては、優秀な高校生が仮にハーバード大学に落ちても自己評価を下げることはありません。それは、各大学が持つ入学基準が「主観的」だからです。高校の成績プラス課外活動、ボランタリー活動を重視し、生徒の「素質」を見抜くインタビューや論文試験、更には推薦状が判断基準になります。従って、ある大学に落ちてもその学生の資質が「客観的に」否定されたわけではなく、大学とその学生が「合わなかった」だけに過ぎないのです。一度きりの大学入学試験の結果で入学の可否を、さらにはその学生のポテンシャリティをある程度決してしまう日本の事情とは随分と

図1.2　望星フォルケ・ホイスコーレ（写真提供：東海大学学園史資料センター）

図1.3　東海大学ヨーロッパ学術センター（シェラン島）（写真提供：東海大学学園史資料センター）

異なります。デンマークの事情はアメリカとは若干異なりますが、基本的には、偏差値で大学に序列ができ、偏差値の高い大学が良いという日本に見られる現象はありません。あくまで「自分は自己を実現するためにこの職業に就きたい、その資格を得るためにこれを学んでみたい」という気持ちがまず育くまれ、その自己実現のため、大学を選びます。卒業は容易ではありません。大学生は良く勉強し、平均六年かけて卒業します。その間、国家による一定の額が奨学金として給付されます。贅沢できる額ではありませんが普通に学校生活を送るには十分な額だと思います。リーディングアサインメントは膨大な量に上るといわれます。卒業に至るまでの勉強の量は日本の学生とは比較になりません。

外国語教育の秘訣

英米人以外でデンマーク人ほど英語をあたかも母国語のように操る国民はいないでしょう。この英語を駆使するレベルはすでに「外国語」の域を超えています。私の英国の友人が「デンマークに来て、デンマーク人が英国人より見事な英語を喋るのに驚いた」と冗談をいうほどです。その秘訣は何か。これは外国語を苦手とするわれわれ日本人にとって興味深い問いです。

デンマーク人はよく「私達は小国であり、外に打って出なければ生きて行けない。外国語は不可欠だ」といいます。多分これは社会的コンセンサスといって良いと思います。確かに小国であるが故に、世界に大きく扉を開き、自由貿易を推進し、国際競争力のある「人材」を育成しなければ生きていけないという意識が社会で共有されているのでしょう。こうして、英語に限らず、ドイツ語、フランス語、スペイン語（最近は中国語もあります）などをオプションとして小学校三年生から外国語教育が始まります。

次にその教育内容ですが、徹底して喋る力と聞く力に重点が置かれます。つまり、実際のコミュニケーション能力です。日本とは逆に、文法、書く力、さらに読む力でさえも後回しです。教師達は皆例外なく立派な英語を駆使します。この口頭のコミュニケーション（aural comprehension）に力点を置くことが秘訣の一つかもしれません。ただこれも即できることではなく、まず先生達が話し、聞くことができなければなりません。デンマークでも最初から今のような状況があったわけではなく戦後七〇年の成果です。しかし、英語は単にコミュニケーションの手段として位置づけられ、「話すこと」と「聞くこと」に圧倒的な比重が置かれてきたのです。日本の場合ですと、中学校の英語の先生達が英語を話し、聞く力を身につけた人であることが鍵です。英米への留学経験者とか、（または日本人である必要はなく）、例えばフィリピンの先生を大勢招致し中学の英語の教師に採用することでも良いのです。また、よくいわれることですが、デンマークのテレビは吹き替えなしでそのまま流します。時々訳文がデンマーク語で画面の下に出ますが、子供達は読めません。ですから、小さいときから子供達は面白い英米の番組を聞くことで英語に対する耳が慣れていくようです。映画も同様です。これももう一つの秘訣かもしれません。日本でも子供向けの英語番組を吹き替えなしで流し続けるチャンネルがあっても良いと思います。

では、読解力はどう身につけるのでしょうか。これについては、易しい英文をたくさん読ませるようです。日本でよく受験英語で出される「英文解釈」のような難解で格調高い英文学作品を一時間かけて半ページ訳すよりは、同じ一時間で平易な英文を何十ページも読ませた方が遙かに読解力がつくでしょう。われわれが日常使う英語は話し言葉であり、文学に出てくる格調高い英語ではないのですから。また筆者が訪問した高校では英文学などではなく米国の日常生活で必要な文書、たとえば電気製品の取り扱い説明書とか米国のハイスクールで実際配っていたクラブ勧誘のビラとかオリエンテーションの案内書、さらには米国の大学のお手洗いに備え付けてあるエイズ予防の説明書など無尽蔵に存在する日常文書を教材に使っていました。

最後に日本とデンマークの英語教育について際だって異なる点は、日本では英語を「学問」として教えているのに対し、デンマークではコミュニケーション・スキルとして「身につける」ことに意を用いていることです。外国語は「学んで理解する」のではなく「練習して身につける」ものなのです。このあたりの認識のズレが六年間の英語教育の結果、大きな違いとなって現れていると思います。日本人が英語音痴であるとか、挙げ句の果ては「日本語と英語は使う脳の部分が異なる」とかいいますが、恐らく関係ありません。日本の帰国子女を見てください。実に見事な英語を使うではありませんか。私たちは英語学者や英文学者を育てているのではないのです。

自立した「おとな」を育てる

デンマークで暮らしていてよく感じることは人々が「おとな」であることです。これは主に成人と話していて感じることですが、若い学生達と話していても彼らの成熟しつつある姿に感心させられることがよくあります。とにかく、まず自分の意見がしっかりあること、そして周囲と協働しながらどのように生きていくかについてしっかりとした考えを持っていることです。

翻って日本では何と「子供おとな」の多いことでしょう。学校で実社会について学び、生きていく上で必要なスキルを身につけることが不十分なまま、年齢だけで「成人」し、精神的に十分成熟することなく社会に出る「子供達」が多いようです。そのような「子供おとな」が育児に悩み、挙げ句の果ては子育てを放棄し、自分を軽視していくことになるのではないでしょうか。その原因の一端は、学校教育が過度に学科に偏重され、「おとな」を育む教育が軽視されてきたためと思われます。つまり、「日本式成功モデル」に必要な学科教育への信仰が故に、学校教育に対して躾を中心とした家庭教育が従属させられ、教育の中心であるべき人間形成・人格教育が歪められてきたためと思われます。それではデンマークにおける「おとな」を育む教育を少し見てみましょう。

政治への関心

デンマークで驚いたことは選挙での投票率が極めて高いことです。国政選挙、地方選挙を問わず、概ね八〇％を超えます。何故か。これについては諸説あるようです。曰く、国が小さいため（国土はほぼ九州とほぼ同じ、人口は五七〇万人）国民の考えが議会に反映されやすいとか、住民の関心のある教育や社会福祉等は地方自治体が中心となって行うため、地方政治が生活に密着しているため等です。確かにデンマークの公共セクターの比重は約三〇％と大きく、たとえば医者を含めて医療福祉関係者は概ね公務員、学校はほとんど公立で、教育関係者はほとんど公務員、教会に勤める牧師様も公務員です。ですから公務員がかなり身近に感じられ、そのため政治への関心が高いといえるのかもしれません。

しかし、筆者はやはり成人になるための教育にその秘密があると考えます。子供達には早い段階から社会問題について議論する機会が与えられ、訓練されます。すなわち、選挙権が一八歳から付与されるため、高等教育（高校、専門学校、大学など）の現場では政党関係者を招いて政策について説明会を催したりして、政治問題への関心を喚起しているようです。各政党はその時の政治課題に対する公約を掲げ、生徒や学生達も政党の青年組織に属する者もいて、選挙前、キャンパスは一般社会のミニチュア版のごとき様相を呈すといいます。教育の現場で、たとえば「外国人移民の是非」などの政治社会問題が身近なテーマとして取り上げられ、考え方の技能、問題解決に向けての訓練を重ねていきます。このような政治に対する意識の高揚が社会に対する考え方を身につけさせ、それが選挙における極めて高い投票率に結びついていると考えられます。日本でも一八歳投票権が導入されましたが、それに合わせて教育システム自体も変わることが必要であるように見受けられます。

国際性を身につける

次にデンマークの高校生や大学生はよく世界を放浪します。一つには大学を含め教育が無料で、自分のペースに合わせた教育を自分で選べる事情があるでしょう。いつ大学に入っても良いし、戻って来ても良いのです。また、初めて就職する平均年齢が二六～二七歳である事からわかるように、若者達は就職を急ぐことはなく、ましてや焦ることはありません。後述するように就職における新卒一斉採用制度はなく、むしろ企業側も経験と資格を有した人材を随時即戦力として採用します。日本に見られる企業内のオン・ザ・ジョブ・トレーニング制度はありません。また、勤務年数で昇進し、昇給する「年功序列」の制度もほとんどありません。したがって、学生達は時に数年掛けて世界を飛び回り、習得した英語を駆使して色々な経験を身につけます。まさに昔のヴァイキングの如く、その姿勢は果敢です。最近の日本の学生が就活に不利になるといって留学に躊躇する姿と対照的です。

よく筆者はこの「失われた二〇年」に成長した日本の若者の特色として「内向き傾向」を指摘します。適当に豊かで過ごしやすい日本での生活を変えることを好まず、大学後期での留学に消極的な学生達。何年か前のハーバード大学の一年生一六〇〇人の内日本人がたった一人であったとの報道を例にとって、日本の若者の「内向き傾向」をデンマークの友人に話すと、彼らは大変不思議がります。「外国留学ほど自己を相対化して見ることができる好機はないし、国際性を身につけ、幅広い視野を身につけるのに適した環境はありません」といいます。海外に飛び出していろいろな人と交流することが自己を見つめ直し、寛容性を身につける上で絶好の機会であることは間違いないでしょう。それが失われている現在の日本社会に筆者は何らかの「病理」を感じます。

また、デンマーク社会では色々な資格を取ってから就職するのですが、その訓練の中に必ずといっていいほど「国際情勢」「国際政治」の科目があります。たとえば、農民になるには日本のように親から子供へと田畑を引き継ぐのはむしろ希で、普通はグリーン・サーティフィケート（緑の証明書）という農業に従事する資格を取る必要があります。これを取得するのは結構大変で、もちろん農業技術から始まって、経済学や経営学を習得する必要があるのですが、同時に国際情勢に関する科目もあり、相当高度な教育を受けた人だけが農民になることができるのです。農民というより、農業経営者といった方が適切かもしれません。このようにデンマークでは、どの資格を取るにせよ、国際性を視野においた教育がなされているといって差し支えないと思います。

コラム　グリーン・サティフィケート

デンマークほどすでに「攻めの農業」を実現して久しい国はないように思われます。つまりデンマークの農業は高い輸出競争力を実現しており、農業は保護すべき産業でもなければ農村は保守的なコミュニティーでもないのです。ですから陸続きのヨーロッパ各国との自由競争をものともせず、むしろ歓迎しています。この国の食料自給率は三〇〇％を超えています。つまり生産した食料の三分の二を輸出しているのです。その背景には次の三点があると見受けられます。

第一に農業は親から子へと当然に引き継がれる産業ではなく、農業経営には四年以上の教育を受けた後取得するグリーン・サティフィケート（経営資格証明）が必要です。親子相続に際し農地相続税の優遇はありません。農業は家業というより平均六五ha（日本は平均二ha）の農地面積を有する大規模な企業経営です。農業経営者はビジネス感覚の優れた経営者といって良いでしょう。

第二にその主な経営主体は効率化された協同組合で、生産のみならず加工、流通、輸出部門をも統合した総合企業体を形成しています。これが世界市場を相手にしているのです。たとえば、ダニッシュ・クラウンは世界一の食肉輸出企業、アーラ・フーズは世界七位の乳製品輸出企業で、これら協同組合組織の総売上高はＧＤＰの約一〇％を占めます。

第三に、農業の担い手を育成するために強い志望や動機、つまり将来の進路を見据えて若者をしっかりと教育する政府の一貫した政策があります。義務教育から始まる職業教育、農業を担う意思を有する若者をビジネス経営者として育成しようとする明確な政策があるといえます。

またこれはどのヨーロッパ諸国でも同様だと思いますが、テレビ番組やメディアにおける外国報道はまるで国内の報道でもあるかのように頻繁かつ豊富です。特にヨーロッパ債務危機に関心が高くドイツ、フランス、イタリア、ギリシャ等の政治リーダーの発言などは毎日のように報道され、内外の報道に区別がないかのようです。特にデンマークが二〇一二年前半のＥＵ議長国の時は、首相や各大臣がＥＵ本部のあるブリュッセルで活躍している画像が頻繁に映し出されました。

問題解決のための教育

さて、デンマークの初等中等さらには高等教育の特徴の一つに「問題解決」に力点が置かれていることがあります。学科にしてもソーシャルスキルを教えるにしてもその次に日常生活で生起する様々な問題をどのように解決していくかに意識が向けられるようです。たとえば筆者が見学した数学の授業はたまたま戸外で行われていて、先生が近くの鉄塔を指さし、「あれが何mかを計りなさい」と問題を出します。生徒達が持っているのは紙と鉛筆だけです。生徒達が様々な方法を提案します。それを他の生徒が批評したり改善の提案を出します。個々のプロセスが重要で、方法について色々議論を重ねることにこの授業の味噌があるようです。先生はほとんど関与しません。幾つかの方法でやってみようということになります。近くの建物の高さを参考にしたり、三角法を使ったりといろいろです。それでも時間の終わりには何とか答えが出てきます。翌日の数学の時間で先生が既存の方法を紹介しますが生徒達はそのほかのやり方の方がおもしろいといいます。このような教室の風景がこの国にはあります。

また、毎日通っている校舎の廊下が汚くなるのですが、これをどうするか。デンマークの学校は（家庭もそうですが）靴を履いたままです。日本のように上履きやスリッパに履き替えることはありません。ですから雨の日などは廊下が相当汚れます。これについて生徒達は話し合います。雨の日はビニールの敷物を敷くとか、入り口に靴クリーニングブラシを置くとか、順番で掃除するとかです。こういったことも重要なこととして捉え、議論させます。

ユトランド半島の北部オルボー大学はＰＢＬ（Problem Based Learning）というユニークな教育方法で有名です。誤解を恐れずにいえば、ＰＢＬとは大学が従来の学部の枠を捨て、学生が「実社会や企業が抱える現実の問題」にアプライして入学し、そのプロセスの中で問題意識を有した基礎科目を学べる仕組みといえるでしょう。最近ＯＥＣＤ諸国により優れた実践的教育方式として採用される傾向にあります。ＰＢＬとは学生に大学が用意した一五～二〇程度のテーマから自由に選択させ、七人から八人のグループの共同作業を通じて「問題を解決する方法」を探求させるものです。

ここで大切なのは、たとえばニュースメディアの課題の下では、メディアについての知識を学ぶのではなく、実際メディアの抱えている現実の問題について、様々な方法や発想を以て「解決の方法を探求する」ことです。手順としては（一）まず何が問題なのかについて明確な意識を持ちます、次に（二）チームを作り、作業工程及び「問題解決の方法」について議論を重ねます。既存の方法論や理論にどういうものがあるのか、また新たな方法はないのかを探求します。そしていよいよ（三）問題の解決に取り組みます。これら一連のプロセスではあくまで学生が主導権を握り（ownership）、教授は脇で助言に徹します。また、実際の各メディア企業関係者とも頻繁にコンタクトを取ります。担当者を招いたり、企業を訪問する中で自然と実社会との境界が低くなっていきます。そうした過程で、学生達はある程度議論が進むと壁にぶつかり、もっと基礎的な経済学や数学の知識が必要だと自分の弱点を知ることとなります。そのような基礎的な知識や理論の必要性を痛感した学生は、同時並行的に開催されている経済学や数学その他の授業を受けることができるのです。科目の選択は自由です。一旦問題意識が明確になった学生達のモチベーションは高く、学習効果は大きいといいます。七人から八人でグループ研究をし、一学期を終えた学生達はチームにいるメリットを感じ、次のセッションに積極的に参加するといいます。

PBLの傾向としてはICT（Information & Communication Technology）の活用、目標達成意識が高いこと（goal minded）、（特に自然科学分野で）特許を取ろうとする意識もさることながら、成果を共有しようとする意識が高いことが挙げられており、外部の企業からオルボー大学に問題解決を依頼することもあるようです。PBLは大学と現実社会を一体のものとして捉える実践教育といえるでしょう。オルボー大学のPBLに参画したスウェーデンのVOLVOの幹部は、学生達の上げた成果に「目が覚めた」思いがしたとの印象を述べています。ここを卒業した学生達は就職した第一日目から企業の即戦力としての評価を得、さらには将来自分で起業する傾向にあるといいます。

初等教育の段階から「問題解決意識」を育まれてきたデンマークの子供達はたぶん他の高等教育機関でも同じような傾向を示しているものと思われます。しかし、大学教育の半分をPBLで行っているオルボー大学の方法は一つの試みとして注目していいと思います。

コラム　インキュベーション・オフィス

コペンハーゲン商科大学（CBS）には、学生たちの起業を支援するオフィスがあります。実際起業プロセスを経験した学生によりますと、そのオフィスは無料で使用することができ、会計・経理など企業

図1.4　PBLの授業風景（オルボー大学提供）

に必要な専門家を紹介してもらえたり、アドバイザーが起業相談に乗ってくれたりするそうです。またユニークなことにCSE（Copenhagen School of Entrepreneurship）はCBSの中で起業ワークショップをアレンジしたり、学生たちと投資家とのマッチングをしたりして、そのスタート・アップの成功率は四五％に達しているとのことです。またこの五年間で三〇歳以下の起業数が五倍以上に増加しているとしています。これは、基礎教育課程から「問題解決」に力を注いでいるデンマークの教育がその背景にあるようです。

「個人」の確立と民主主義の担い手

さて、これまで見てきたように、デンマーク人の子供達は幼児から基礎教育期間に十分な自己肯定感が育まれ、ソーシャル・スキルを身につけ、「自分は自分、他者は他者」として独立心を持ちます。そして高等教育期間に自己の潜在性を発揮すべく勉学に励み、同時に社会問題に早くから目覚め、国際性と語学力を持った「力強い個人主義者」として世の中に出ていきます。

他方、これと比較して日本ではどういう状況が生まれているのでしょうか。

1　集団主義

日本人がグループで行動するのは良く知られています。さすがに最近はあまり見なくなりましたが、かつては海外旅行もツアーガイドが旗を振り、グループ単位で名所を訪れる風景がよく見られました。この日本人の集団主義も捨てたものではなく、多くの長所が指摘されています。たとえば、チームワーク。個々人の能力では敵わなくても、組織として行動することで力を発揮することができます。フランクフルトでの「なでしこジャパン」の驚異的な活躍やロンドン・オリンピックで見せた日本のサッカーチームの素晴らしさは改めてそれを証明しました。個々人の持つ異なる能力を上手に組み合わせ、シナジー効果ともいうべき総合力を出すことが可能です。しかし、この集団主義がもたらす短所についてもわれわれは十分認識しておく必要があります。その最たるものが「個の確立の阻害」だと考えます。日本の子供達は小さい頃からグループで行動します。登下校、体育祭のマス・ゲーム、昼食、時にはトイレに行くにも友達が一緒です。そんなとき一人が個性的な行動を取りますと「変わった人」として仲間はずれになりがちです。そう見られても構わない「自分は自分、他者は他者」と割り切り「わが道を行く」には日本社会では相当な勇気が必要です。なぜなら日本社会には異分子を「変わり種」として排除する社会文化的傾向が依然見られるからです。いつか仲間に入れないで孤立していた中学生が一人で食事を取れずにトイレの中で取っているとの新聞報道がありました。周囲から「あの子は仲間がいない寂しい人だ」と見られるのが苦痛で、そういう行動に出たというのです。また新学期が始まりクラス分けがありますと、新しい仲間グループを作れるかどうか、それに自分が入れるかどうかが子供達の心理的なプレッシャーだといいます。早くグループを作り、そこへの帰属感を感じ、安心したいという心理です。

こういう環境下では、主体性のある個人は育ちようがありません。それどころか、むしろ個性を出さず、皆に合わせる子供たちを造っているのです。これは、幼児から青年期に至る日本の教育環境がもたらした結果に他なりません。

2　権威主義

次に、両国の教育現場で顕著に異なるのは権威主義の程度です。小さい頃から自己肯定感を持ち、年齢の異なる上級生や下級生を友人として受け入れる教育を受け、小人数の中で丁寧に育てられた子は自分を大切にします。自分を大切にするとは、自分の意思、希望、生き方は他者とは異なり、他者から独立して自立することです。それは自ずと他者も自分と同様敬意を払うべき存在だと認めることになります。教師はそのような個人としての生徒や学生を尊重し、共に学ぼうとします。権威は大切なときもあります。デンマークでもかつては教師が一段高い教壇から教え、生徒達がかしこまって授業を受けた様です。ユトランド地方の美術館などに展示されている旧い写真や絵画にその光景が残っています。しかし、権威の力で教育を進めることの人格形成への弊害に気づいて以降、デンマークでは権威主義を意識的に排除して今のようなフラットで気楽な教育現場になったといいます。

また、それとの関係で、デンマーク人は中央権力を若干冷めた目で見ているように見受けられます。権威に対する懐疑心とでもいいましょうか、自分たちの知らない間に「お上」が何かを決めてしまって、自分たちの生活が規制されるのをいやがる向きがあるようです。この中央の権威への懐疑心は取りも直さず、自分たちのことは他人任せにせず自分たちでやるという自立と自尊の精神の裏返しであるともいえるかもしれません。デンマーク人は一人ひとりの独立自尊を大切にしているのです。そして、この精神がかつての農業協同組合運動を産み、現在に至るまで協同組合による会社運営が普通に見られる背景だと思われます。この国の主力産業においても例えば畜産（デニッシュクラウン）、酪農（アラフーズ）、風力発電、送電・配電会社（約一三〇の送電配電会社の内、四分の一以上が今でも生産者が経営に直接関与し参加する組合形式）が多く見られるのです。デンマークでは教育現場も社会も自分のことは自分で責任を持つ「力強い個人主義」に基礎を置く「ボトムアップ社会」であるといえます。

翻って、わが国日本の教育現場の実情はどうでしょうか。学科試験という基準を中心とした競争が高校のみならず、中学や小学校さらには幼児教育にまで及び、子供達を序列化しています。この結果子供たちが持っている豊かな潜在能力の開発が脇に置かれているようです。公教育はかつての権威を失いつつあり、塾による商業主義が盛んで、子供時代に本来身につけ発展させるべき自然や科学への好奇心や芸術への興味、社会への関心が受験勉強の波に飲み込まれてしまうようです。大学入学時に子供達はすでに疲れ果て、夢の実現に走る子は少なく、「希望は一流企業」という状況です。「何かを達成したい」という具体的な目標ではなく「一流大学や企業に入りたい」のです。「個」の未成熟な「子供大人」がそのまま社会人となり、時に育児を放棄し、同じような子供達を再生産しています。こういう状況下で、本来「民の選択」としてあるべき民主主義が健全に育つはずがなく、また力強い日本国家への展望が開けるはずがありません。

コラム　ヤンテ・ロー

デンマーク人のメンタリティーを語るとき必ず出てくるのが「ヤンテ・ロー」（ヤンテの掟とかヤンテの法と呼ばれている）です。これはいわばデンマーク伝統的村社会の「十戒」ともいうべきルールで、たとえば自分は特別だと思いあがるな、人より善良とか賢いと思うな、人より優秀であったり知識があると思うな、自分以上の人間はいないとか何でもできると思うな、他人を笑ったり他人の優しさを当てにしたり、他人に教えることがあると思うな、というもので、日本でいう「出る杭は打たれる」、「見ざる、いわざる、聞かざる」、「知に働けば角がたつ」などのいわば協調性を重んじた「処世訓」と同類のものと考えていいと思います。一九三三年に作家のアクセル・サンデモースが発表した小説の舞台である架空の村「ヤンテ」が導入した法のことです。サンデモースはおそらく当時のデンマークの伝統的村社会に伝わる風習をこのように解釈し、描写したのでしょう。ただし都市化に伴う現代のデンマーク社会にこのようなメンタリティーが行動規範として今も生きているかといえばはなはだ疑問です。しかし、潜在意識にこのような「謙譲の美徳」が生きているのかもしれません。日本社会や日本人とある意味で共通するものとして面白いと思います。

「デンマーク」を守るための教育　（希薄な国家意識）

さて、これまで主にデンマークにおける教育の優れた点をハイライトしてきましたが、筆者が教育関係者と話をして「もの足らなく」感じた点もあります。それを述べたいと思います。それは一言でいえば、教育において国家意識の醸成が希薄なことです。現代のデンマーク人は自分たちの存立する基盤、すなわちその歴史的、伝統的、民族的価値を尊び、将来世代に引き継いで行くためにどのような教育をしているかについてあまり重点を置いていないようです。この問題をここで提起する理由は、若干思うところがあるからです。それは、筆者が二〇〇三年から約三年間サウジアラビアに勤務した時の経験です。

当時、いろいろな催し物に出席して日本について話す機会に恵まれました。ある時日本から招聘した教育関係者に講演をしてもらい、その方が一通り日本の教育や制度について話した後、会場のサウジアラビア人から「日本の近代化の経験に学びたい」という趣旨の発言があったのです。曰く、「日本は百何十年前、明治維新により国を開き、富国強兵を進め近代化に成功し、欧米列強から独立を守った。しかし同時に伝統的な価値を大切にし、近代化との両立に成功した国だ。近年、サウジアラビアは近代化の波に直面している。欧米文明の圧倒的な影響の中で、われわれの祖先達が大切に守ってきたベドウィン（砂漠の民）の文化や伝統、イスラームの教えや価値観をどのように守り、近代化と両立していくかが喫緊の課題となっている。是非この点につき日本の経験を学びたい。」というのです。そして、さらに「あなた達日本人は歴史的・伝統的な価値観を欧米化の波から防衛するためにどのような教育をしているのか」という質問が投げかけられました。しかし、その問いに対し講演者は十分な答えができなかったのです。

さてそれではデンマークではどうでしょう。筆者は国民学校、高校（ギムナジウム）、フォルケ・ホイスコーレの関係者に同じ質問を投げかけてみました。その答えは次のようなものでした。それは、「デンマークの教育はグローバル化する国際社会に適合すべく未来指向で、あなたがいうような北欧神話やヴァイキング、王家やデンマークの歴史は一通り教えるが決してそれに偏重はしていない。むしろヨーロッパ共通の歴史であるギリシャ、ローマ史を教え、宗教も国教であるキリスト教の倫理観に加え、他の世界宗教についても同様に教え、寛容の重要性に気づかせている。また、ほとんどの家庭では育児期に国民的作家であるH・C・アンデルセンの童話を読み聞かせているようだ」というものでした。愛国心についても、「ワールドカップ」の時に一番盛り上がり、またカナダとグリーンランド間にあるハンス島を巡る領土問題についてナショナリズムが燃え上がることはないようです。一言でいえば、成熟した大人の愛国心はあるものの、それよりも民主主義、寛容の精神、グローバリズムへの適応、効率性の重視、自然保護といった価値観に重きを置いているように見受けられます。功利主義といいますか、デンマーク人の現実志向がよく現れていると感じます。この傾向は大きくいえばグローバリゼーションの進行が始まり、デンマークが欧州全体を見据えた国家観を持たざるを得ず、ドイツとの和解が現実のものとなった一九六〇年代あたりから始まります。また特に、ヨーロッパ統合、単一市場の形成に大きく舵を切る中でデンマークが「真に欧州の一員」としてEUに加盟する一九七三年以降顕著になったといえるでしょう。たとえばトーニング＝シュミット元首相もこの頃多感な青年期を過ごし、ＥＵ主義者として知られています。

しかし、かつてデンマークにも豊かな歴史教育がありました。祖国愛を育てるものとして北欧神話（サガ・エッダ）や初代王スキョルから始まる歴代王家の戦いの物語を伝え、子供達にデンマーク人としてのアイデンティティーを育む教育があったのです。Ｎ・Ｍ・ヘルムス著の「子供に語るデンマークの歴史」は一九一六年から半世紀に亘りデンマークの学校教科書として使われ、デンマークの子供達に祖国の美しさとそれを守る気概を教えてきました。しかしこの教科書は、冷戦が始まり、かつての宿敵ドイツをＮＡＴＯに受け入れ、また欧州統合の文脈の中でデンマークの伝統的、歴史的価値が相対化され、やがて使われなくなったようです。これが欧州統合がドイツとの和解を促す上で重要な役割を果したことは間違いないでしょう。しかしある意味で残念なことではないでしょうか。

コラム　サクソ・グラマティクス（Saxo Grammaticus）

天武天皇の舎人として仕えていた稗田阿礼が、暗誦を命ぜられていた帝紀や旧辞をもとに、七一二年太安万侶は古事記を編纂したといいます。デンマークにも稗田阿礼や太安万侶のような存在がいます。サクソ・グラマティクス（一一五〇〜一二二〇年）という「デンマーク最初の歴史家」です。彼は、国王ヴァルデマ一世の顧問であったルンドのアブサロン大司教の秘書として、見事なラテン語で『デンマーク事績（Gesta Danorum）』全一六巻を記したとされています。その動機は「栄光ある祖国」をあらわすことで、約二〇〇〇年の「歴史」を記しています。

　実際一〜八巻までは「伝説の先史時代」を描いており、古代の巨人神話や神々の物語、アイスランドの口承伝説、石や岩に記された物語、そして勇敢な王達の逸話で満たされ、北欧神話や英雄伝説の宝庫といわれています。有名なハムレット伝説（Amleth王子の物語）や弓を操るウィリアム・テルの原型（Toke）などが出てきます。また九巻から一六巻までの「歴史時代」の部分は当時の政治経済、社会宗教などの研究に貴重な資料を提供してきたといいます。彼はプラトンやキケロを読んでいたようで、そのラテン語はエラスムスが称賛したほど洗練されており、それが故に彼は一時パリに留学していたとの説もあります。この著書は事実に基づいた歴史というよりは、デンマークの神話と歴史を「栄光ある」ものとして美化したものといわれています。

コラム　デンマークの歴史教科書

　第一次世界大戦時に発行され、一九六〇年代まで約半世紀にわたりデンマークの小中学生により読み続けられてきた歴史教科書があります。『子供に語るデンマークの歴史』（ニコリーネ・マリーイ・ヘルムス著）がそれです。村井誠人・大溪太郎両氏による優れた翻訳本が出ています（彩流社、二〇一三年二月）。同翻訳本の「はじめに」で村井誠人教授が指摘している点は傾聴に値します。

　そこでは、「女神フライアの広間である愛しき土地デンマーク」を舞台に歴代王の愛国的な叙述が繰り広げられ、「男女生徒がともにデンマークを好きになり、誇りを持つように」との著者の期待が表れています。そして、デンマーク人が南に住む現在のドイツを天敵として見てきたこと、東の脅威ロシアを意識しつつノルウェー、スウェーデンとともに「北欧意識」を育んできたことなどが記されています。

そしてこの「国民意識」が一九九二年に行われたマーストリヒト条約（ヨーロッパ連合条約）の批准の可否を問う国民投票や二〇〇九年の共通通貨ユーロへの加入を決める国民投票で、国民が「ノー」を突きつけた背景であったといわれます。つまり人々が当時、ヨーロッパ連合や共通通貨への加入を国民的アイデンティティー喪失の危惧としてとらえたといわれるのです。そしてヨーロッパ連合加盟に際しては四つの適応除外（安全防衛、司法内務、EU市民権、共通通貨の分野でEU共通政策の適応除外の権利を有している）を付し（エディンバラ合意、一九九三年）、通貨は今でもクローネを使用しています。

しかし冷戦の始まりとともに、デンマークは隣国西ドイツのNATO加盟を承認し、ドイツ軍を友軍として見做し、西ドイツ内のデンマーク少数民族の権利が保障される（一九五五年のボン宣言）中、デンマークには「欧州全体を見据えた視野が要求される」ことになったとされます。そして、一九六〇年代にもはや狭い歴史的視野に拘ることはできず、ヘルムスの「歴史教科書」はその使命を終えたとされます。

翻って、私たちが受けた日本についての教育を思い出してみますと、まず小学校の「郷土の歴史」から発展して、中高で「日本史」に進みます。そこでは、総合的に日本の政治・経済・社会・文化その他を万遍なく学びます。しかし、それは十分豊かな歴史教育であったでしょうか。また、習字の時間があり、音楽では日本の曲を鑑賞します。体育では柔道・剣道などに軽く触れます。武道はむしろ課外授業としての扱いでした。振り返ってみて、果たして私たちは「日本人を育てる教育」を十分受けてきたでしょうか。むしろ受験に関係する五科目以外は軽視され、日本人としてのアイデンティティーを意識的に学ぶ機会が十分与えられてはこなかったように感じます。最近、武道がカリキュラムに取り入れられたと聞き、嬉しい思いですが、もっとなすべき事があるように思います。なぜなら、今後日本人が国際社会で真に通用する「国際人」になるには日本の子供達に日本人としてのアイデンティティーをしっかり身につけさせる必要があるからです。国際社会で通用し尊敬される人材とは今や国際共通語となった英米語を操り、国際情勢やビジネスに通じている人だけでは不十分です。国際人とは決して無国籍人ではありません。単に外国語を操り、ワインの知識を披露し、オペラについてひとくさり披露する人種ではありません。そういう人は国際社会では決して尊敬される人とはなりません。真の国際人としての日本人とは、日本の豊かな歴史的・伝統的価値とアイデンティティーを十分体現すると同時に、国際社会で活躍できる能力を有し、かつわが身を相対視できる広い視野と寛容性を持った人格をいうと考えるからです。

この点、デンマークも日本もまだ教育上課題は多いと考えます。自国の依って立つ価値をグローバリゼーションの波と両立して発展させるため、私たちの豊かな歴史と先人達の智恵を質の良いジャパニーズクラシックスを学ばせることで次世代にどう伝えていくか具体的に考えるべき時です。例えば古典古文の授業があります。そこでは古文の文法をよく教えられたものです。試験も文法問題が多く出されました。しかし、たとえば源氏物語や蜻蛉日記などの名作は「学ぶ」よりも「鑑賞」することに重点が置かれるべきではないかと思われます。古典古文の作品が持つ「美」を音楽のように鑑賞し、楽しみ、感動することで日本の伝統文化の素晴らしさを体感させること、それでその後の人生がどれだけ豊かになるかは計り知れません。古典古文の授業は本来「日本の美」を体感させることで「日本人の美意識」を育み、それを次の世代に伝える場ではないのでしょうか。

第2章　開かれた労働市場（デンマークの労働事情）

教育と労働市場の接点

大学教育

デンマークには五つの総合大学の他にコペンハーゲン商科大学（CBS）及びデンマーク工科大学（DTU）その他がありますが、日本のようないわゆる「序列」がないといわれています。生徒たちは、たとえば法学部であればコペンハーゲン大学が良いとか、経済であればオーフース大学とか、商科大学であればCBSとか、学部を選択して資格を取りにかかります。また、自然と自分の故郷の大学に入学するようです。親元から大学に通えるのは健全なことです。他方、日本の場合には、東大、京大、早慶を頂点とする大学間の「格差」が依然として残っています。また、多くの企業はオン・ザ・ジョブ・トレーニングで新卒を教育するとの名目で、大学教育に多くを期待せず、依然「大学で何を学んだか」よりも、「どの大学を出たか」を重要視する傾向があります。この結果、大学は勉強してもさほど意味はなく、自ずとレジャーランドに堕してきたといっても過言ではないでしょう。企業側も「大学での成績よりも、学生の素質を見抜く」のが就職面接でのポイントであって、有名大学には自ずと「素質の良い」学生が集まっているとのバイアスを持っています。また、この「大学間序列」を国民が受け入れてきたことが問題です。その原因はやはり教育の早い段階から実施する「学科テスト」にあると考えられます。全国の小・中・高校がほぼ同様の受験科目を基礎に教育をし、学生を序列化する。その基準は五教科の偏差値です。このいわゆる「客観テスト」により学生たちは順位づけられます。しかし、実はわが国で行われている客観テストほど危うい尺度はないのです。よく発表される大学の国際比較ランキングで、東大は三九位です（Times Higher Educationの二〇一七年度版）。これを「アジアではトップクラスだ」と誇ってみても仕方ないでしょう。実際日々の学部大学生の生活を国際的に比較してみれば自ずと明らかです。日本の大学の場合、多くの大学で最初の一～二年が教養課程（liberal arts）に当てられ、二年後期から専門課程が始まりますが、最近は三年にもなるといわゆる「就活」に巻き込まれ、専門分野の学習が影響を受けているようです。他方デンマークにはいわゆる教養課程はなく（高校に任されている）、三年間の学部の後二年程度の修士課程に入るのが一般的です。

新卒制度

デンマークでは就職する際、日本のような新卒一斉採用制度はありません。企業側も大学の「ネームヴァリュー」で採用する事はありません。企業は、応募者が何を何年学びどんなことを経験してきたか、どのような資格を有しているかを見て採用を決めます。ですから、新卒か否かはもともと判断の基準ではないのです。そして、彼らが最初の就職をするのは平均二六～二七歳だといわれています。就職後も生涯平均六回ほど職業を替えます。因みにデンマークの企業は能力で昇進し、年功序列ではなく、終身雇用でもありません。優秀な若い人が自分の両親と同世代の同僚よりも給料が高いことはよくある話です。労働市場に早く参入してもほとんど関係なく、就職後も転職は日常茶飯事です。ですから、仮に出産後の乳幼児の育児や家庭の事情で退職を余儀なくされた女性も、何年か経った後、労働市場に戻って来る事ができます。こうして、デンマークでは、労働市場のモビリティーの高さが、社会全体として「適材適所」を確保していると思われます。そしてこれを背後で支えているのが、名高いフレキシキュリティの制度なのです。

開かれた労働市場

フレキシキュリティ

さて、それではフレキシキュリティとはどのような制度でしょうか。これは二つの言葉、すなわちフレキシビリティ（flexibility：柔軟性）とセキュリティ（security：安定性）を結びつけた造語で、一九九三年に導入され、（ⅰ）柔軟な労使関係（解雇・雇用が比較的容易）、（ⅱ）十分な失業手当、（ⅲ）積極的な再就職促進制度の三つの要素から成るといわれます。これを「ゴールデン・トライアングル」と呼ぶ人もいます。この制度のおかげで労働市場における人材の移動（mobility）が高まり、労働生産性が向上し、失業率が低下したといわれています。現に九三年に導入された時の失業率九・六％が二〇〇八年には三・三％にまで下がりました。同年に起きたリーマン・ショック後一時七％を超えましたが、その後再び徐々に下がっています。

まず労働市場における柔軟性ですが、これは労働保護法制が比較的緩やかで、原則的には使用者が被雇用者を比較的容易に解雇できることが企業側のメリットとして強調されます。実際どれほど解雇が容易かについては職種によって異なりますが、一例として建築業界では一〇年間の就労実績があっても五日間の予告で解雇できるようです。但しこれは例外的で、通常は製造業や運輸業の場合、三～六ケ月の予告が必要です。解雇が容易だということは雇用の不安定につながります。デンマークの雇用の不安定性はEU内で英国に次いでワースト二位だそうです。

ただ、解雇されたり離職した人々の生活の安定を国が保証します。すなわち、国が離職後の失業給付を二年間（二〇一一年に四年間から短縮された）保証します。その水準は、前職にもよりますが、前職が比較的低賃金の場合、前給与の約九〇％ほど、通常は八〇％程度といわれています。これが失業者を心理的にもサポートしてきたといいます。また、この二年間、次の就職を容易にするために様々な職業訓練の機会が提供されます。まず失業者は失業時に職業センターに履歴書を登録し、自己の学歴、職歴、資格、希望する職種などを開示し、週に一度求職の現状を通知する義務があります。オンラインで登録された失業者は、（i）問題なく再就職が可能、（ii）少し支援があれば再就職が可能、（iii）就職するにはかなり支援が必要、の三カテゴリーに振り分けられます。そして、基本的には失業者本人の希望に基づいて職が紹介されますが、失業者は自己のキャリアプランを立て、職業訓練を受けます。このアクティベーションと呼ばれる訓練制度は、施設内でいろいろなプログラムに参加するだけでなく、連携している企業内でも行われ、その費用は国が持ちます。企業がその人を評価すればそのまま採用できるわけです。「少しの間うちの会社で働いてみないか」と声をかけ（その間の給料は国が持つ）、会社が認めればそのままその会社に残るのです。なお、失業者には相談相手が一人つくようです。

ただ失業者はアクティベーションの権利とともに斡旋された職に対し応募する義務があります。すなわち、雇用者が雇用の意思があるにも関わらず、失業者が一回断った場合は二週間、二回断った場合は四～五週間、三回断った場合は無制限に失業保険が停止されるのです。なぜなら何回か断ると就職の意思がないと見なされるからです。失業者は再就職の斡旋を受ける権利があると同時にこれに応える義務もあるのです。これをサンクション（罰則）と呼んでいますが、この結果、失業者が新たに職を得る期間が短縮され、学卒の場合平均三ケ月も経たない間に次の職を手に入れるといいます。このフレキシキュリティの下、デンマークでは年間三人に一人が職を替えますが、二〇〇八年のリーマン・ショック以降労働者保護の程度が下がっているといわれています。

さて、この制度が日本に示唆しているものは何でしょうか。それは根源的なものです。すなわち変わりつつあるとはいえ、伝統的に終身雇用、年功序列を基本に働いてきた日本の労働者にとって、離職・転職は一部の資格保有者を除けば依然リスクのある挑戦です。この労働市場の比較自体が取りも直さず、現代の日本社会が抱えている課題を浮き彫りにすることになります。

しかし、日本でも今後色々な意味で労働市場のモビリティを高めて行かざるを得ないと思われます。それは、人口構成比をみても世界に類がないほど急速に高齢化が進み、現在六五歳以上が総人口に占める割合が二三％、これが二〇二〇年には三分の一に、さらに二〇五〇年には「肩車」状態になるといわれている時、経済成長を達成するためにはどうしても新たに労働力を確保する必要があるからです。それには、わが国の場合二点を同時に検討する必要があります。その第一は女性労働力の確保、第二に外国人労働力の導入促進です。

日本との比較

1　キャリアを断念する日本女性／キャリアを志向するデンマーク女性

わが国の場合、若い女性たちは高校や大学を卒業した後、ほとんどが就職を希望し、社会との関わりを持ちます。ところが、第一子をもうける前後にその約六〇％が離職してしまいます。その理由は、やはり子育てとキャリアの両立が日本社会では大変難しい事情があるからです。わが国の女性陣は子育てと子供の教育に力を尽くしているということでしょう。ところが、わが国の出生率は、一・四前後と世界的に低く、当分これが劇的に改善する兆しはありません。また、この傾向はお隣の韓国においてはさらに顕著のようですので、何か儒教的要素が関係しているのかもしれません。実際、子育てにおいて日本の男性は当てになりません。ただ、それは彼らが育児に意欲がないからではありません。むしろ最近は「イクメン」とかいって育児に関心と意欲を持っている男性は多いと思います。しかし、彼らに「必ず午後六時に保育園に行って子供をピックアップして」と要求するのは依然酷な職場事情があるといえます。

このような日本の状況を海外の関連国際機関はどう見ているのでしょうか。ＩＭＦ（国際通貨基金）のラガルド専務理事（フランス人女性）が訪日した時の興味深い話が日本経済新聞に紹介されていました。彼女は大震災からの復興や高齢化社会など日本が抱える難題をあげた後「しかし日本にはすごい潜在成長力があります」と強調し、「それは未活用の良く教育された女性労働力である」というのです。ＩＭＦの試算によれば日本女性の労働市場への参加率が主要先進国並みになるだけで、二〇三〇年までの日本の成長率が約二五％押し上げられるというのです。また同じ記事でグレアＯＥＣＤ（経済協力開発機構）事務総長の見解としてＯＥＣＤ二六ケ国中日本が韓国に次いで二番目に男女の賃金格差が大きいと指摘しています。他方デンマークではどうでしょうか。デンマーク女性は就職後子供を授かった後も離職することはまずありません。前述のように約五二週間の出産・育児休暇、充実した保育園、子ども手当が女性の社会進出を可能にしてきました。

2　ワーク・ライフ・バランス

日本のこの様な状況は決して新しいものではありませんが、これは女性労働力について日本の状況が遅々として改善されてこなかったことを示しています。若い女性達のキャリア志向を確保しつつ結婚や家庭生活を同時に保障するには、第一にワーク・ライフ・バランスの改善が不可欠です。今の労働環境では若い女性でも夜遅くまで残業するのは希ではありません。こういう状況で「結婚して、家庭を持って、キャリアを続けて」というのは女性にとっていかにも酷です。その為には女性のみならず男性陣も早く帰宅して子育てに参加できる環境がどうしても必要です。また、夫婦共稼ぎを支える保育園の量的拡大が不可欠なわけですが、それらを妨げている要因は何なのでしょうか。

3　残業文化と保育園

その原因は、第一にそもそも育児と高齢者介護が依然として家庭に任されており、多くの場合女性に負わされていることが挙げられます。第二に日本の残業文化があります。その残業文化の原因は日本人のワーカホリック、次に上司が退社するまでは帰れない「会社至上主義」ともいうべき企業文化にあります。その文化の核心は依然、企業への忠誠心と、後述する根深い「全力主義」の文化、さらには年功序列に裏付けされた終身雇用制にあると考えられます。女性のみならず男性もこのくびきから解放され、早く帰宅できるための制度的な改善が必要です。第三に、保育園の数と質を圧倒的に改善する必要があります。待機児童の数、待機期間の長さ、児童数の多さ。これを何とかしなければ女性は浮かばれません。地方自治体の中にはたとえば横浜市のように先進的な取り組みにより待機児童数を劇的に削減することに成功した優れた例もありますが、基本的には国の政策改善が必要ではないでしょうか。そして第四に、依然として続く男性中心の企業文化を改善していくことです。男女共同参画を妨げているのは、男性中心の企業文化そのものでしょう。この四点は、バブル経済の崩壊後、外資系の企業が多数参入してきて以降、相当改善されてきたと思われますが、日本女性にとってはまだ全然解決にはなっていません。子育てと生涯キャリアの継続を保障する企業文化の改革が急がれます。では、デンマークではどのような形でこのような問題を乗り越えてきたのでしょうか。

まず農業国であったデンマークでは従来から女性の地位が比較的高かったといわれています。それは過酷な農作業に女性達も参加せざるを得なかった背景があります。しかし、女性の社会的地位を押し上げたのは、何といってもこの国が高度福祉社会の旗を掲げて以降です。この高い政策目標が女性を様々な社会的制約や負担から解放しました。第一に両親等の老人介護の責任を家族から解放し、一義的に社会の責任にしたことです。これによる主な受益者は実際は女性でした。第二に育児の負担を母親から両親に移すと同時に、社会の責任に転嫁したことでしょう。十分な産休、育児休暇、比較的安価な保育施設の拡充がそれです。

この二つの制約から解放された女性達は、家庭に留まることをせず、積極的に職業を求めて社会に出て行きました。現在、凡そ七三%の女性達が職を持ち、夫やパートナーと同様に収入を得て家庭を支えています。産休や育児休暇は大変恵まれていますが、ただそれを認めてきた労使双方の努力にも評価が与えられるべきです。

4　外国人労働者

次に外国人労働者の参入を推進することが急務です。これは、新しくて旧い課題ですが、わが国の労働市場は依然外国人労働者にとっては障壁が高いのです。有名になってしまった事例に日本とインドネシア及びフィリピンとの経済連携協定（EPA：Economic Partnership Agreement）があります。これは二〇〇八年に発効した二国間協定ですが、その中の「人の移動」に看護師・介護福祉士について二年間で二〇〇〇人を受け入れる、そして四年間の滞在中にそれぞれの国家試験を受け、合格した場合に正式に看護師・介護福祉士になれるという制度について合意したものでした。結果として多くの若者が両国から訪日し、日本語を学びながら病院や介護施設で実地の訓練を受けます。ただ、問題は国家試験の難しさにありました。

ＥＰＡでこれら両国から来た受験生の国家試験合格率を見ますと、看護師で二〇一〇年、一一年、一二年はそれぞれ一％、四％、一一・三％と極めて低く（日本人を含めた全体の平均はそれぞれ四六・六％、五一・六％、三三・七％）、三年間で八一三人が受験して合格者数はわずか六五人でした。また、介護福祉士を見ますと二〇一二年で三七・九％、（平均は六三・九％）とこれも低いといわざるを得ません。当局は試験問題を平易な日本語にしたり、漢字に読み仮名をつけたり、試験時間を一・五倍にする等の評価できる改善努力を重ねてきましたが、やはり言葉の壁は高いようです。この人々、特に英語を話すフィリピンの方達は、そもそも欧米諸国に行くこともできたわけですが、日本で働きたいと希望を持ってきた方々です。その辺りを考えると、さらなる制度改善が望まれます。

インプット社会日本とアウトプット社会デンマーク

次に指摘したいのは勤労倫理における両国の相違です。日本人で「人事を尽くして天命を待つ」という言葉が好きな人は結構多いようです。何かの目標に向かって日々絶え間ない努力を重ねる、そのひたむきな姿にある美しさを感じるのだと思います。あるいは、その目標が達成されるか否か不安な中で、ともかく努力をすることで不安を拭い去ろうとするのかもしれません。受験勉強の高校生はその例ですが、多くの職場でこうしたことが繰り返されています。そして、当然ながら、そのインプットのお陰で、良い結果が出る確率は適当な努力をしている人よりは大きいものと思われます。特に社員の評価基準の一つに「モラール（志気）の高さ」がある場合、そういう風景が日本のあちこちで繰り返されています。

しかし、問題はその目標がそれだけの努力に値するものでなくても人々は無尽蔵な努力を傾けることです。注ぎ込む膨大なエネルギーの量と得られる結果のアンバランス。「人事を尽くす」ことの美学はわれわれ日本人から、合理的な理性に基づくバランス感覚を奪ってはいまいかと疑いたくなるほどです。ある目標を達成するのにどれだけのエネルギーをつぎ込むべきか、一度立ち止まって冷静に考えるべき時です。では、それを判断するのは誰か？　それは努力する本人ではなくむしろ全体像を見ることのできる立場にある人でしょう。たとえば、学校でいえば進路指導の先生方、職場ではマネージャーでしょう。ここでいうマネージャーとは、組織社会の上に立つ者全てを意味しています。ときには部課長、或いは日本という社会組織のトップを意味します。

なぜこういう事を書くのか。それは、日本社会の長期的な生産性、効率性を憂えるからです。デンマークでは残業はほぼありません。おそらく全ての職場で、仕事のために残業を強いる上司はいないでしょうし、そのような上司は優れたマネージャーとは見なされません。人々は勤務時間に可能な限り効率的に仕事をします。そのために上司と仕事の段取りについて相談し、相互の理解を得て「いついつまでにこれを仕上げよう」と共通の理解を持ちます。ランチも職場で簡単に取ります。せいぜい二〇～三〇分程度で、この点では日本のサラリーマンは恵まれています。人々が午後四時半か五時になるとさっと家路に急いでも上司はそれを当然のごとく受け入れます。残された仕事はどうするか。社会の一部エリート達は家に持ち帰るとも聞きますが、多くの場合、合意された「段取り」「時間の枠組み」のなかで解決していくようです。男性も女性も勤務時間後、子供達をピックアップしに幼稚園に急ぎます。相当重要な会議中であっても中座します。時には、会議を招集した本人が「お先に失礼」と席を立つこともあるようです。そして、そうすることに大きな抵抗感を感じないのです。それは、周りの人々がそれを許す、というか、それを当然視する共通意識を持っているからです。

誤りを恐れず端的にいいますと、デンマークでは結果が重要です。結果を出せば良いのです。アウトプット社会といいますか、そこに至る過程でどんなに自己努力があろうが、プライベートライフが犠牲になろうが結果が出なければ評価されません。せいぜい「今回は残念な結果になったけれども、次回に期待するよ」くらいの言葉をもらえれば上々でしょう。プロセスにおける努力を評価することよりも、逆に、適当な努力でも良い結果であれば賞賛が与えられるのです。

このような社会ですと、人々は自分の目標にどれだけのエネルギーを費やせば良いかを合理的に計算します。どの仕事に対しても全力で頑張るという、日本的なガンバリズムはむしろ費用対効果から見て合理的ではないでしょう。それればかりか、「いつも全力で向かえ」とする文化的精神風土は美しいけれども人々にとって余りに酷ではないでしょうか。大部分の日本人のように生真面目な人に対しては特にそうです。仕事はもっと肩の力を抜いて、楽しくやるべきものです。しかし、終身雇用がまだ基本となり、一度悪い評判を得てしまうとそれを払拭するのに人一倍の努力を必要とする日本社会では、目の前の課題や目標に全身全霊を傾け、一つひとつ完璧に成し遂げ、それを積み重ねていくことが要請されているのです。なんとストレスフルな社会でしょう。われわれの社会が無意識のうちに美徳として育んできた、全力主義。企業のマネージメントを預かるトップは自己の組織に潜むこの不合理性に目を向けるべき時です。

第3章　高度福祉社会の成立と課題

自尊心を育まれ、自己実現や能力開花のための教育を受け、社会に飛び込み、家庭を持ち、子育てをし、平均六回も職を変え、長く労働に従事してきたデンマークの男女に待ち受けている老後とはどのようなものでしょうか。それはデンマーク人が誇りとする高度に発達した福祉社会です。「世界で一番幸せな国」といわれるデンマークの秘密の一端がここにあります。これはスウェーデンやノルウェーなど近隣の北欧諸国と並んで世界に冠たる制度です。そして、彼らがこの制度を誇りに思うのは、自分たちが営々と築き上げてきたものが、まさにデンマークにおける国民統合と民主主義の発展と密接に絡んできたという背景があるからに他なりません。以下概観してみましょう。

社会福祉の発展と歴史

まず、簡単にその歴史をまとめてみたいと思います。ここでは主にニールス・クリスティアンセンとカール・ピーターセンの整理に依ります。

第一期　萌芽期（一九世紀末～一九二〇年代）

この時期は貧困、高齢者、疾病等々による困窮の問題が社会問題としてまだ認識されておらず、キリスト教の保守的な社会道徳が支配的で、困窮からの救済が基本的には自助努力に任されていた時代でした。制度としては「救貧法」が存在しましたが、この法によって深刻な窮乏状況を解決することは全く期待できませんでした。むしろ救貧法の対象となった貧窮者は人としての扱いを受けず、施設において労役を課されたといいます。

この状況は一八九〇年代の法律の改正により変化します。すなわち九一年の老齢年金改革と九二年の疾病保険改革により、老人と病人が救貧法の対象から外れ、別途手当されるようになったためです。六〇歳以上の高齢者は国と地域が折半で面倒を見るようになり、疾病には保険制度が導入されます。考え方としては自助努力に加え、国家が社会福祉に関与した始まりであることを以て社会民主主義の考えが萌芽的に出てきたと見るのです。ちなみに第二次世界大戦までに、ほとんどの国民が疾病保険に入っています。

第二期　形成期（一九三〇年代～一九五〇年代）

この時期は社会福祉が市民の権利として認識され、国家が積極的にこれを保証すべく様々な法が整備された時期です。福祉を慈善とする考え方が衰退し、慈善団体の数が減少した時代でした。この時代を主導したのが後に社会福祉大臣となるカール・スタインケです。彼が一九二〇年に著した『社会保障制度の将来（The Future of Social Security System）』は一世を風靡し、一九三〇年代にスウェーデンにG・ミュルダールが現れるまで、デンマークのみならず北欧諸国の指導理念であったといいます。その中心理念は、「全て個人はその属する社会階級や性にかかわらず、完全な社会権を有し」、「女性の政治的権利を拡張し、女性の婚姻における地位の向上を図る」というものです。この考え方に基づいて三〇年代になると様々な法整備がなされます。特に一九三三年に成立した「社会福祉法（The Social Welfare Bill）」はこのカール・スタインケの思想を体現しており、全ての市民に社会福祉を享受する権利を原則として認め、国は個人が必要とする理由の如何によらず最低限の保障を提供する義務を負うことになったのです。これを主導した政治勢力は社会民主党でした。同党はこの「社会福祉を受ける市民の権利とこれを提供する国家の義務」に基づきデンマーク史上初めて総合的な社会保障制度の構築を推進していきました。

さらにここで重要なのは、この改革が世界恐慌の時代に主導されたことでした。すなわち、資本主義の終焉が公然と囁かれ、経済が立ち行かなくなり、失業者が街に溢れた時代。政治的には、方ではナチズムが台頭し、他方でこれへの対抗としてスターリンの社会主義が対峙した時代に、デンマークは果敢に第三の道を選択したのです。当時社会民主党が主唱したフレーズに「良い社会とは、資本主義と社会保障・社会正義を足し算したもの」というのがあります。そして、この動きに自由・保守党も加わり、労働運動では、ホワイトカラーもこれを支持したといいます。つまり、世界が危機時にあった時、デンマーク人達は右派も左派も社会保障を国民統合の目標に据え、デンマーク議会民主制を堅持したといいます。社会福祉国家へ向かおうとする理念が一九三〇年代の困難な時代にデンマーク人を統合する大きな役割を果たしたのです。

第三期　黄金期（一九五〇年代～一九七〇年代）

さて、この第二次世界大戦後の約三〇間年にデンマークは近代的な高度福祉社会を充実させ、「社会民主主義と福祉の黄金時代」を確立します。この頃国際社会は米ソ冷戦時代に当たり、自由主義と社会主義の厳しいイデオロギー対立の時代でした。このときデンマークは再び資本主義でもなく社会主義でもない第三の道を選択します。この冷戦時代に外交はNATOの一員として西側同盟に属し、内政は社会保障を充実させるべく国民が引き続き結束を示した時代といえます。この時期にリーダーシップを取ったのもまた社会民主党で、一九五〇年から七三年までの間、政権についていました。この時代の社会保障支出を見ますと五〇年にGDPの八％だったものが七三年には二三％と三倍に増えています。そしてこの時代に福祉の普遍主義が確立され、合理的な研究調査に基づくプラグマティックで柔軟性のある福祉制度が築かれていったのです。

ただ、ここで重要な点はデンマークの社会政策は単に分配に重点を置いたものではなかったということです。社民党の基本的な考えは、むしろ積極的に経済成長を志向し、経済のパイを大きくしていく中で初めて社会改革ありきという立場でした。市場経済を基本として、しっかりした成長戦略を策定し、それがあってこそ充実した社会保障政策が実現できるという考えは現在まで引き継がれている現実的なものといえます。実際、この時期のデンマーク経済は約一〇％の高度経済成長を成し遂げています。

この時期に起きた現象の一つに女性労働力の社会参加が劇的に伸びたことが挙げられます。一九六〇年代に提起された女性問題（Gender Issue）は七〇年代に盛んに議論されました。それは、女性を育児・高齢者介護から解放すべきという方向性を持っていました。その結果、保育園の増設がおこなわれ、三〜六歳児の入園率を見ますと六〇年代には一〇％に過ぎなかったものが、七三年には三〇％に増え、八〇年代には七五％へと大きく改善されました。ただ、幼児が母親と過ごす時間の重要性についても議論されたようで、零〜三歳児については両親や政治家の躊躇もあり、三〜六歳児ほどの比率には至っていません。批判する立場からは「高度福祉国家は、女性が歴史的に家庭内で行ってきた育児や老人介護を家庭外に持ちだし、商品化（commodification）した」とする意見もあったようですが、結果的にこれにより女性は伝統的な育児と介護から解放され、労働市場に参画していくようになったのです。ちなみに、八〇年代になりますと、女性の労働市場への参加比率は約七三％に達し、男性より数％低いだけという状況になっています。

この時期には次々と改革がなされました。六〇年にはリハビリ法が導入され、また、六一年には公共支援法が成立します。特に六〇年代から主唱されてきたリハビリの重要性、予防（preventicn）概念の導入、そして合理的な行政制度などに一人ひとりのニーズと安心感に重点を置いた総合的な社会保障制度が確立していったのです。特に注目すべき点はこの時期に疾病保険制度が改革され、国家による健康保険制度に吸収されたことです。疾病対応が個人の保険によるのではなく、国税による国家の保障となったわけです。また、七四年には公的支援法が改正され、福祉サービスが標準化されただけではなく、個人の状況に合わせた「きめの細かい（tailor made）」サービスを提供できるように職員を教育・訓練すべしとの考え方に発展していきました。

こうしてこの黄金期にデンマークの社会福祉は普遍主義の原則、問題発生の事前予防とリハビリを重視し、これを実施する合理的な行政制度が確立して行ったといえます。

第四期　福祉国家の危機の時代（一九七〇年代～一九九〇年代）

この時期は「福祉国家の危機の時代」といわれていますが、この評価は若干誇張されているかもしれません。第二次世界大戦後三〇年間に亘って確立された福祉制度が色々な挑戦を受け、変革を余儀なくされたという意味です。そのきっかけは七三年、七九年に起きた石油危機でした。デンマークにおいてこの石油ショックは大きな歴史的転換点であったといえますが、社会福祉もその例外ではありませんでした。まず石油危機以降デンマーク経済は低成長の時代を迎えます。同時に人口構成が高齢化していきます。これが国家の財政問題と雇用問題を引き起こします。このような中で、公的な財政や公的機関への負担を減らすためにいかに社会保障を効率的で柔軟なものにしていくべきかという問題提起がなされたのです。

その中で、一例として「積極的な労働政策（いわゆるactivation）」が推奨されます。つまり、教育と職業訓練により失業者の能力を向上し、労働市場への復帰を促進する政策です。この政策は社会保障制度から人々を早期に独立させ、なるべく国家の負担を軽減しようとする政策でもあったわけです。また、他の例としては失業給付の受給資格をより厳格なものとし、かつ受給期間を短縮するという政策が採られましたが、これなども国家の負担軽減のための策でもありました。また、この時期に年金も最終収入に応じた額へと変更されます。「もっと柔軟な社会保障を」という掛け声の背景には石油危機による財政難に基づく「背に腹は代えられない事情」があったといえます。「福祉から労働へ（from welfare to workfare）」というフレーズも出てきました。この時期は高度経済成長を背景にうまく機能してきた分配政策が立ち行かなくなり、国家による丸抱えの社会保障を個人の能力アップ（個人の問題）や普遍主義の修正などを通じて調整せざるを得ない時期でした。ただ、八二年から九二年まで政権の座にあった自由保守連合もたとえば同時代のレーガン米国大統領やサッチャー英国首相のような新自由主義的な変革の道を取ることはしませんでした。したがって、この時期の変革は大胆なものではなく、経済的に苦しい時代に取らざるを得なかった「調整」であったといえます。この背景には社会保障に対する国民の根強い支持とそれらの政策が政党間の妥協によって形成されてきたデンマーク政治の伝統がありました。

ただ、このような変革の中でも高齢者福祉制度は大きく変わることはありませんでした。むしろ、七四年に成立した生活保護法により、デンマークの高齢者福祉は充実したものになっていきます。この時期に設立された高齢者問題委員会は超党派の委員会ですが、高齢者福祉の三原則ともいうべき基本、すなわち、(一)高齢者の意思の尊重（自己決定）、(二)現在の身体・運動機能の活用・改善、(三)生活環境の継続、を定めており、これがその後九〇年の法改正、二〇〇二年の高齢者福祉法の成立を経てより充実したものになって現在に至っています。高齢者年金が最終給与にスライドする制度が導入されたのは一九九四年になってからですが、基本的に高齢者福祉分野は伝統的な国家による十分な保障が継続されている分野です。

ただ、この石油危機の時代にデンマークの政治的地盤にも大きな変化が生じました。それは、これまで社会民主党を中心とした中道中心の国民意識に変化が生じたのです。七三年に行われた総選挙の結果これまで九〇%以上の国民の支持を得てきた中道的な政党への支持が五八%へと下落し、一六%が極右、五%が極左政党に流れたのです。ここに至ってデンマークの政治が左右に分極化したといえます。これによりそれまで国民的なコンセンサスがあるといわれてきた「国家が保障する高度福祉制度」に対する見解が分かれていったものと思われます。

第五期　成長の再認識期（一九九〇年代～）

さて、それでは九〇年から現在までのデンマークの社会保障制度はどういう状況でしょうか。これは一口でいいますと前述の「調整」が進行してきた過程といえましょう。つまり welfare から workfare への動きといえます。workfare とは「自分の福祉のために働く」とか「勤労のための福祉」などの意味です。ここに伝統的な社会保障の理念がチャレンジを受けたプロセスを見ることができます。その背景には、寛大な福祉が人々を受け身にし、個人の責任感を弱め、社会に対する依存心を増していったという社会民主主義的な福祉観への批判があったようです。

具体的には一九九〇年代に生じた二つの主要な改革、すなわち労働市場改革と社会制度改革を見てみましょう。まず、一九九三年の労働市場改革により、アクティベーション（失業者に対する集中的な職業訓練や教育）が失業給付と関連づけられます。失業給付期間が従来の七年から九五年には五年間へ、そして九八年には四年間へ、二〇一四年には二年間へと短縮される中、この給付期間中に失業者は職業訓練を積極的に受ける義務が生じます。そして、可能な限り早期に新しい職を得ることが推奨されます。

次に、九八年に新しく社会支援法とアクティベーション法が制定されます。これにより、アクティベーション（再職業訓練や教育）を拒否した失業者の給付金が二〇％削減されることになり、逆にこれを受け入れた人は労使合意に基づく給料を支払われることになりました。いわば罰則（sanction）の導入です。識者によればデンマークはスカンジナビアにおける義務的なアクティベーション導入のパイオニアで、個人の義務とか職業訓練が強調され、労働市場の供給サイドが重視されたといいます。

このように、（一）失業給付者に積極的な職業訓練を施すことにより、これまでの社会への依存を改めさせ、早期に労働市場に戻す、（二）失業者に対し労働市場に戻るインセンティブを与えるようサンクションを課す、（三）国民に給付を受ける権利と同時にアクティベーションの義務も課す、（四）そしてその結果、全体的に普遍主義の原則など伝統的な福祉政策が若干の変更を受けても致し方ない、という傾向が出てきたといわれます。この動きを伝統的な社会民主主義的福祉観に対する新自由主義的変容と批判する人もいます。

それでは二〇〇〇年代に政権を担った自由保守連合による政策にその具体的な政策を見てみましょう。その基本はまず（一）経済成長をいかに確保していくか、いかに経済の生産性を上げ、国際競争力を高めるか。そして（二）国民生活に「より選択の自由を」もたらし、税負担を低減し、民間活力を導入していくことに要約されると考えます。実際、自由保守連合が目指す二〇二〇年の国家像をみると、国際的比較が強く意識されており、一人当たりのＧＤＰ、起業家数、ＰＩＳＡテストの結果、大学の世界ランキング、エネルギー効率等々で世界各国との「競争意識」が色濃く出ています。

この結果、たとえばこれまで全て公立であった医療制度に民間の病院やクリニックが現れ、医療費は高いけれどもより迅速な医療サービスが提供されるようになりました。また、社会福祉施設においてもたとえば訪問看護に民間の企業が参入し、高齢者等に対するきめの細かいサービスがなされるようになったといいます。しかしこのような動きはあるにしても、結論的にはデンマークにおけるworkfareの傾向は改革の一部に過ぎず、社会福祉の根本は依然として堅持されているといえます。そして一概に評価はできませんがこのworkfareへの傾向はそこそこの成功を示し、若い失業者はアクティベーションの開始前に比べ「ベストではないかもしれないがベターな職」を得ているといいます。

デンマークの高齢者福祉

それでは次にデンマークにおける社会福祉の中枢としての高齢者福祉を見てみましょう。中枢といいましたのは、第一にデンマークが「世界で最も幸福な国」である理由として老後の生活が健康で経済的に不安なく過ごせるという安心感がその中心になっているといわれるからです。そして第二に国家予算の四〇％以上を占める社会保障費の内、三〇％を超える予算（つまり総予算の一二％以上）が高齢者対策に支出されてきたこと、第三にこれまでの様々な社会保障改革の歴史の中にあっても基本的な形を維持し、現在に至っている中心的な分野であること等が理由に挙げられます。

以下、経済活動から引退したデンマークの高齢者がどのように第三の人生を生きていくかについて見るわけですが（ここで第三の人生と書きましたが、この国では生後から職業を持つまでが第一の人生、その後結婚して社会生活を続け、退職するまでが第二の人生、そしてそれ以降が第三の人生といわれています）、通常、デンマークの人々は六五～六七歳頃まで働きます。退職年齢は一応六五歳ですが、実際はかなり柔軟に運用されていて、経済活動から退く年齢も自分で決めるのです。

二〇一六年のデンマーク人の平均寿命は男性が七八・六歳、女性が八二・五歳程度とわが国より男女ともに四～五歳短くなっています。ですから、退職後平均約一五年がいわゆる「老後」と考えられます。ただし、これはあくまで平均であって、実際私も八〇歳以上でかくしゃくとして生きている老人に数多く会っています。そして、それら高齢者に共通しているのは皆それぞれ、「自分」らしく堂々と健康に生きている姿です（active aging）。しかし、誰にでも老いは忍び寄り、自分一人では生きて行けない時が訪れます。その辺りの状況を社会がどう見ているか、また、家族はどう見ているのか、そして何よりも本人はどう考えているか、が重要です。私が観察した限りでは以下の諸点にデンマークの高齢者福祉の特徴があると考えます。

第一に、高齢者介護の責任は社会にあり家族にあるのではない

第二に、高齢者本人の意思と希望がすべての出発点である

第三は、弱体化した身体・運動機能を改善させる進んだリハビリ態勢

第四は、高齢者の環境を可能な限り変えない配慮
第五に、高齢者の孤立を避けるべく、可能な限りコミュニティーの中で暮らせるように配慮する
第六に、高齢者と介護者の負担のバランスをとる、すなわち介護者の負担軽減に可能な限り配慮する
第七に、行政における徹底した現場主義

このうち第二、第三、第四がいわゆる「高齢者福祉の三原則」です。以下順次見てみましょう。

社会が高齢者介護に責任を持つ

デンマークでは高齢者の介護に責任を有するのは社会です。具体的には主に地方自治体です。介護のための経費も基本的には国家と自治体の予算から支出されます。これが高度福祉国家の一丁目一番地です。そのために国民は生涯長い間、高い消費税を含む高負担を受け入れてきたのです。そしてこの高齢者介護（育児もそうです！）の義務を女性や家族から解放したことが女性の社会進出を促進した大きな要因であったといえます。デンマークでは育児とともに両親の介護を社会が責任を持つことで女性の有するポテンシャルを最大限引き出すことを保証してきたといえます。女性の就業率が高いこと（約七三％）がデンマークの一人当たりGDPが高い背景の一つです。

国は制度やガイドラインなどの大きな枠組みの策定はしますが、実際のサービスは地方自治体が行います。このため高齢者とサービスの提供者の距離が近く、高齢者のニーズがサービスの内容に反映され

やすい仕組みになっているようです。介護センターへ入る時には当初約二万クローネ（三六万円）を支払いますが、その後は月々約五〇〇〇クローネ（九万円）を払います。この他、仮に三食センター内のキャンティーン（レストラン）で食事をしても一食約四〇クローネ（七〇〇円）と格安です。これらがすべて年金から差し引かれることになります。

高齢者福祉上の改革として、二〇〇二年に導入された「高齢者福祉法」により、民間企業が在宅サービスに参加できるようになりました。また、高齢者が希望すれば担当する自治体を変えることも可能になり、高齢者の選択の幅が広がったといわれます。民間介護サービス企業に支払われる料金はもちろん自治体がカバーします。

高齢者の意思と希望がすべての出発点

前述しましたように、デンマークではほとんどが六七歳頃に退職し、経済活動から身を引きます。そして人々は退職後の第三の人生に大いなる「期待と希望」を持っているようです。曰く、タイなど東南アジアに旅してみたい、大学に戻り美術史を勉強してみたい、夏はコペンハーゲンに、冬は太陽を求めて南仏に住みたい等々。なんと優雅な老後の生活でしょうか。それもそのはずで、老後の年金生活者に衣食住の不安はありません。贅沢をしなければ潤沢にある時間を希望通りに生きていけるようです。実際、たとえば王立劇場のバレーやオペラ劇場、コンサートホールに行きますと、なんと老人が多いことか。時々若い人に会いますとお孫さんであったり、ニューリッチのカップル、あるいは若い配偶者。他方、この国では学生は貧しく、娯楽に費やす余裕資金などは持っていません。退職後の第三の人生に対する夢が膨らむはずです。

さてこうした退職者も一〇年もすれば老いには勝てなくなります。体が硬くなり、足が痛くなり、階段を上るのもままならず、杖、歩行補助器、時には車椅子が必要な人も出てきます。また、人によっては糖尿病等の病気が襲って来ます。シャワーも自分一人では浴びられず(因みに湯船に浸かる入浴の習慣はないだけ介護が容易)、掃除や洗濯などの家事も難しくなるかも知れません。その時に彼らを支えるのが社会、具体的には自治体が経営するホームケア・ユニットや病院です。自治体には高齢者の状況を評価するエバリュエイター(評価者)がいて、まずその高齢者がどのようなケアやサポートを必要としているかについて評価します。評価は五段階で行われています。その結果に応じて介護の形態が変わります。

その時に一番配慮されるのが高齢者本人の意思と希望です。高齢者があくまで自宅に留まりたいと希望すれば、可能な限り在宅介護が選択されます。糖尿病の患者の場合、看護師がインスリン投与のため定期的に高齢者宅を訪れます。仮に介護センターに住むことになったとしても、本人の希望でこれまでの生活を乱されることなく、「街中のフラットから介護センターのフラットに移っただけ」と感じるような様々な工夫がなされます。本人の意思と希望に最大限配慮することが、高齢者の「自立した個人」としての尊厳を尊重することになるという考え方です。

残存機能の維持とリハビリによる改善

介護の基本方針として高齢者の弱体化した身体・運動機能を改善し、元の機能を回復させるべくリハビリにかなりの重点が置かれています。そのメニューも相当充実しています。また、高齢者が自宅からリハビリのために介護センターに通う場合のタクシー代は原則無料で、センターが負担します。また自宅介護の場合でも最近はセンターから講師の映像をいわゆるテレビ会議システムを利用して送信し、一日に何回か決まった時間に高齢者と講師がコミュニケーションをとりつつリハビリ体操をする例もあります。

また、介護センター内の様子ですが、日本人的な目で見ますと職員は決して優しくありません。まず重度の利用者を除いて、車いすを押す職員をほとんど見ません。また、キャンティーン（食堂）での朝食はたとえば一〇時までの間に自由に取ることになっており、高齢者が一斉にまとまって食事する風景はありません。食事もその後のコーヒーも基本的にはセルフサービスで、自分の食べたい分だけ自分でとり、自分で運びます。食前酒も食後の喫煙も他人に迷惑がかからなければ原則本人次第です。外出・外泊も身体機能の改善のみならず精神衛生上好ましいとして積極的に奨励されています。この高齢者の身体機能を改善し、元の状況に戻すことはその高齢者にとってはもちろん、介護センターにとってもまた社会経済的観点から見ても最良の方法であるという考えです。「高齢者をなるべく抱え込まない」ことが最もコストがかからないのです。

可能な限り環境を変えない

高齢者は環境の変化に弱いものです。できるだけ住み慣れた街、住み慣れた家で生涯を終えたいと思うのはごく自然です。デンマークでは一九八七年の生活支援法の改正により、プライエムと呼ばれる老人ホームの新設を止め、在宅ケアを原則としました。そのため二四時間在宅介護体制の整備、バリアフリー高齢者住宅の建設を推進してきました。古くなったプライエムを改造して介護住宅にするところもあります。しかし、高齢化が進み介護の必要度が増すと、どうしても介護センターに入らざるを得ない時期が訪れます。現在八〇歳以上の高齢者が二三万人を超える状況で、どのように対応しているのでしょうか。まず、介護センター側としても生活の継続に最大の配慮を払い、通常六〇平米のフラット（住居）を用意します。しかし、それは「老人ホームの一室」というイメージとはほど遠いものです。

筆者が訪問したコペンハーゲン市のスルンド・ケアセンターはちょうどヴィレッジともいうコミュニティーを形成していて、公共の広場を囲む形で高齢者が居住していました。部屋の窓はデンマークらしく大きく明るく、冬場でしたが陽射しがたっぷり入る構造になっており、テラスからは緑がたくさん見えます。一人暮らしの白髪の男性が、コーヒーを飲みながらゆったりと椅子に座って読書をしていました。案内してくれたセンター長は「街中のフラットからセンターのフラットに移っただけ」という安心感を与えるため、ベッド以外は従来使っていた家具、椅子、壁の絵、カーテン、ぬいぐるみ、家族の写真等々を持ち込むことが奨励されているといっていました。ここではセンター職員であっても高齢者のプライバシーを十分尊重しなければなりません。部屋には二ケ所緊急を知らせるボタンがあり、いつでも当直の職員と連絡ができる体制になっていました。「高齢者見守りロボットの導入計画はあるか」との問いに「見守りロボットのことは聞いているが、孤老といえども二四時間監視することは、その方の尊厳やプライバシーを侵害する恐れがあるのでここのセンターでは当分ない」という答えが返ってきました。

そういえば一歩フラットのドアを出ますと、そこはちょうど街中のようで、人々はそれなりにおしゃれな服装をしています。センター内ではあっても、公共とプライベートの区別が明確についているのはいかにも西欧的です。パジャマや患者服姿の人は見当たりません。売店も一般の業者が入っていて、街中にある洒落たショップと変わりなく、飾り付けから品揃えまで本格的なお店で、センターが「仮の住まい」ではなく、ちょうど街の一角の如き様相を呈していました。

コミュニティーに住む

介護センターと外部の社会との垣根についても相当の配慮が払われていました。といいますか、前述したように介護センター全体（三五〇人）がまるで一つのコミュニティーのようで、街の一角という感じです。外部との区別もよくわかりません。センター長曰く、「治安の悪い地域とつながっている道路は閉めてあるが、その他は解放されていて、隣が保育園で子供たちを近くで見られるようにもなっている」とのことでした。高齢者は「自宅」で食事を作ることもできます。その食材もセンターで買っても良いし、時々来訪する子や孫が持ってもきます。そして時々は共同のレストランで家族と一緒に食事をします。

いろいろな趣味を持つことも奨励されています。刺繍や絵画等のクラブがあり、週に何度でもそれらのクラブに参加し、今まで通りの社交生活が送れます。「人は一人では生きてゆけない」として幼い時から強調されてきた「クラブへの参加」を通した共働・共生そして協力の精神がここでも生かされ、重視されているようです。

介護士のワーク・ライフ・バランス

ここで注目すべきは、介護センターにおいては介護士や職員の生活が犠牲にならないように最大限の配慮と工夫がなされていることです。たとえば、高齢者をベッドから車いすに移したり、シャワーを浴びさせる時、各部屋に備え付けてあるリフトが使われます。高齢者の部屋の天井を見上げますと上手にレールが設置されています。高齢者がベッド、トイレ、シャワー室、ソファーなどへ移動するときに簡易リフトが使えます。日本でも相当変わってきたと聞きますが、ここでは屈強な男性の力を借りて、重い高齢者を移動する場面には出くわしませんでした。従って、介護士が腰痛で悩む姿はありません。介護士はむしろ一定以上の重さのものを運ぶことを禁じられています。

次に介護士や職員の勤務時間も明確です。二四時間態勢ですから週に何回かの夜勤シフトの時もありますが、休暇や週末の休日も取れるようになっています。残業はデンマークでは考えられません。週に三七時間労働が労働法で厳格に決められていて、介護士もその例外ではないのです。介護士の数が足りないから残業せざるを得ないとの状況はこの国ではほとんど見られません。もちろんサービス残業などはあり得ません。

さらに、職員の中には勤務時間が週に四日間のみとか、午前中あるいは午後のみという契約で働いている人も結構いて、職員の家庭事情に合わせた勤務契約が許されています。筆者が訪問したソロー市のハンセン市長は、この柔軟な勤務体制がこの社会福祉分野で圧倒的に女性労働者が多い（すなわち人気の有る）背景だろうと述べていました。

ちなみにデンマークでは高齢者介護を含めて介護分野で働く人々の九割以上が女性だといわれますが、社会的地位も収入もさほど高くはない介護分野での仕事が女性に人気が有るのは、このフレキシブルな労働環境にあるように見えます。

行政における徹底した現場主義

最後に、行政のあり方に注目してみると日本との大きな違いがあるようです。それは、中央官庁と地方自治体の関係、すなわち圧倒的に地方自治体に裁量権を与えていることです。一言でいえば福祉政策における徹底した地方分権です。一般にデンマーク人はマイクロマネージメントを嫌う傾向があります。つまり、一日仕事を任せたら、最後まで任せて欲しいということです。仕事の途中で色々うるさいことをいわれずに、自らの創意工夫でベストな仕事をしたいのです。この国民的性向が高齢者介護センターのいわば「自治」につながっているように見受けられます（実はこの自立した組織の有り様は高齢者介護センターに限らず、学校などの教育施設でも同じことがいえます。また、一般の会社における上司と部下の関係にも当てはまります。一つ仕事を任せますと、基本的にはその人がそれを始めから終わりまで責任を持ってこなそうとします。ですから途中で上司は余程のことがない限り口を挟むことをしません。成果は仕事の結果で評価されるのであって、それに費やしたエネルギーや勤務時間の長さではないのです）。つまり、福祉の分野でも中央政府が各自治体の福祉事業に事細かく指図したり注文したりすることは好ましくないことと考えられています。中央政府は大枠で政府の福祉方針やガイドラインを作成し、予算を提供し、その後は自治体による実施を待つだけです。たとえば、中央から「福祉サービスの質と効率性を上げよ」との政策が出されますと、自治体はそれぞれの創意工夫により「任された仕事」を「自己責任」で「自主的に」あたかも一つの作品を作るかのように仕上げるのです。そこに職員の創意と工夫の余地があり、それが故に働き甲斐が出てくるのです。また、実際中央政府からの予算が現場で実施される福祉事業の中に占める比重はさほど大きくないようです（約四分の一）。従って、中央における政権交代は自治体の進める福祉政策には余り大きなインパクトをもたらしません。

筆者が訪問したグリップスコー市のヘルシンガーデン介護リハビリセンターではそうした事情が良く読み取れました。そのセンターにはMBA（経営学修士）を持った管理職が一人いて、予算の効率的執行や組織運営の実効性を挙げるため、絶えずあらゆる面において改善を追求していました。リハビリに来る高齢者のタクシー代を節約するため、テレビ会議システムを使ったリハビリ・プログラムで毎日決まった時間にセンターのリハビリ師がカメラの前で高齢者に声をかけながら体操をし、高齢者は自宅でこれを実践します。DVDではだめなのかとの問いに対し、DVDの供与では高齢者が毎日体操をするかどうかは確認できないし、テレビで結びつけることで高齢者の今の状況を把握できます、また、会話も精神的にきわめて重要です、との答えが返って来ました。また、このセンターでは長年、皆で話し合い、良いと思った色々なアイデアを「試してきた」とのことであり、結果が良くなければ止めてきたといいます。つまり、高齢者介護のあらゆる面で職員の創意と工夫を「試行錯誤」することが許され、結果が出なければ次の方法という具合に進めてきたといいます。福祉ロボットの導入も考えているようで、仮に試行錯誤の結果が良くなくても、責任問題にはならないそうです。もちろん程度の問題でしょうが。

筆者が滞在した三年間(二〇一〇〜二〇一三年)にいくつもの日本の会社がデンマークの自治体との間で福祉ロボットの臨床実験を行ってきました。ロボット開発の人曰く、「日本ではロボットの臨床実験に至るまでに煩雑な手続きと長い期間がかかり、嫌気がさしている。これに比べるとデンマークの地方自治体は臨床実験に意欲的で動きが速く、データの収集も容易だ」といいます。これはデンマークの自治体や福祉センターが自分の足で歩き、自分の頭で考え、限られた予算の中で創意工夫をして、高いレベルを達成してきたことの一端を表しています。「自分たちは日本のテクノロジーにはかなわないが、テクノロジーの持っている力を最大限発揮するに適したシステムを育んできた」とする高い自負があります。

冒頭筆者がデンマークの高齢者福祉センターの現状を一概にいうのは難しいといったのはこういうことです。つまり中央政府の一般的な政策目標の大枠の中で、自治体は裁量権を最大限に活用し、それぞれの置かれた制約や機会の中で独自の展開を見せ、発展してきたといえます。そして、これら自治体が他の自治体との間でベストプラクティスに関する情報を交換し、互いに良いアイデアを取り込んでいこうとしています。

デンマークの高齢者福祉の抱える課題と将来展望

それでは、デンマークの高齢者福祉が抱える課題としてどのようなものがあるのでしょうか。また、将来に向けてどのような福祉ビジョンを持ち、課題を克服していこうとしているのでしょうか。おそらくこの問題意識は全国共通ではなく、各々の自治体は異なった課題を有していることでしょう。また、これに対する答えも一つではなく、地域あるいは介護センターごとに異なると思われます。といいますのも、上述しましたようにこの国の介護では現場の裁量権が徹底していて、自治体やセンターでそれぞれ異なる問題解決がなされてきた歴史があるからです。いわゆる「徹底した現場主義」です。

ここではコペンハーゲン市内で最大規模を誇る市営の介護ホームを例にとってみましょう。スルンドというこの典型的な介護施設はこれまで四〇年間人工湖のほとりでその使命を果してきましたが、二〇一八年には新たなコンセプトを以て生まれ変わろうとしています。この介護ホームのイェンセン所長にこの施設が抱える課題と将来展望について問いかけてみました。イェンセン所長は、極めてカジュアルではあるが清潔そうな出で立ちで出迎えてくれ、にこやかにこう答えてくれました。「この施設が抱える課題がデンマークの共通課題だとは思いませんが、少なくてもコペンハーゲンという首都が抱える課題としてデンマーク都市部の最近の傾向を示しているものと思います。以下は私たちがまとめた新しいスルンド介護センターのあるべき将来像です」。

尊厳のある人生を送る

「ケアセンターは高齢者が高い水準の安心と安全を享受し、高齢者が尊厳のある人生を過ごし、日々の生活に積極的に参加できることを保障し、支援する施設であるべきだ。高齢者はケアセンターに来ると社会的に孤立することを恐れ、自分で物事を決める権利やこれまで周囲から得てきた尊敬を失うことを恐れる傾向にある。高齢者がセンターに入ることにより社会的に孤立することなく、自己決定の権利を保障され、周囲から引き続き尊重されるような尊厳有る人生を送れるようにすべし。」

これがセンターの目標の第一になっています。筆者が訪問したいずれの高齢者福祉センターにおいても前述のように、まず約六〇平米の部屋が用意されていました。まさに「街中のフラット」に「引っ越す」感覚です。周りには身の回りの品が所狭しと持ち込まれ、これまで住んでいたフラットにあった丈の高い観葉植物も置かれています。一緒に過ごしてきたペットも可能な限り持ち込まれ、高齢者の精神衛生上重要な役割を果たしています。「街中のフラット」と異なるのは、より安全なケアが保障されていることと、隣人が変わったことぐらいでしょうか。また、高齢者はいかなる状況下でも自分の人生を自分で決めることが尊重されており、何時に起床し消灯するか、自室で食事を取るか否か、外出するかしないか等日常生活の規律はもちろん各人に任されているだけでなく、喫煙や飲酒についてさえも、最終的にはその高齢者の判断が優先され、他人に迷惑がかからなければそれも尊重されます。近親者の訪問、宿泊も奨励されており、面会時間についても特段の制約はなく、むしろ制約することが不自然だという雰囲気があります。高齢者の外出も運動機能の維持と精神衛生上むしろ奨励されていて、施設に入ったといっても、身体機能がリハビリによって改善されれば元の生活に戻ることさえも視野に入れられているかのようです。

人の尊厳を守るとは、高齢者だからといって同情や過度な優しさを示すことではありません。いわんや哀れみなどは自立した個人の最も嫌うことでしょう。高齢者であってもこれまで生き抜いてきた自分の人生に対する誇りがあり、最期までその人に対する全面的信頼と尊敬を払うことが高齢者福祉の基本であるべしという考え方が根底にあることがわかります。スルンド・ケアセンターのさらに追求すべき高い目標の第一に高齢者の尊厳の尊重が掲げられているところがいかにもデンマークらしいと思います。

外の世界に開かれたセンター（センターと外部世界の交流）

第二の課題は次のようなものです。「ケアセンターは周囲のコミュニティーに対して開かれたものであるべきで、外界との交流を一層奨励すべきだ。」

この課題については、筆者が訪問したスルンド介護センターには周囲の街との間にフェンス（境界の塀）等はなく、また、意図的にセンターの隣に幼稚園があり、周囲から子供たちの姿が見下ろせるのみならず子供たちとの交流行事も度々あるようでした。コペンハーゲン市が都市計画や市街地の再開発などの際、ケアセンターの意見を十分に取り入れているようです。前述のセンター内のお店には訪問時用のプレゼントとして花束、贈り物のカードなどが綺麗にディスプレイされていました。

従って、基本的なコンセプトはケアセンターといえども、あたかも街の一角に三〇〇～三五〇人の高齢者用のフラットを集めてきたかの感があり、その中には狭いながらも通りもあり広場もあり街路樹もあるという「老人のヴィレッジ」でした。

福祉技術の導入により課題を解決する

第三の課題は次のようなものです。「福祉技術の向上や新しいテクノロジーの導入が今後の高齢者介護の改善に役立つことは間違いない。技術の導入により高齢者の介護者への依存心が減り、コミュニティー活動への参加を促し、より尊厳ある生活を送れるようになるであろう。センターがあらゆる面で福祉技術を導入することで、高齢者の生活のみならず介護者の労働環境も大きく改善されよう。」

実は、ここにはいくつかの重要な点が含まれています。第一は高齢者の視点。すなわち、福祉技術や技能の向上が高齢者を外向きにし、社交的にするという点です。福祉技術にもいろいろあるでしょうが、たとえばロボット技術などはその一例でしょう。筆者がデンマーク滞在中、わが国の有力な家電メーカーが開発しつつあった「ロボット・ベッド」なるものを知ることができました。これは自力でベッドから車いすへ移動できない高齢者のため、ベッドが車いすに形を変えるものです。また、その逆に部屋で休みたいときは車いすがベッドに変形します。高齢者が人の助けを借りずに自ら寝起きでき外出することを可能にしています。第二は介護士の視点です。つまり「重労働」としての介護から介護士を解放できるメリットです。これにより介護のイメージのみならず介護士という職種のイメージも変え得るのです。

筆者がデンマークで受けた強い印象の一つは、自治体がきわめて先進的なことです。進取の気概があるとさえいえると思います。ここに、多くの日本の企業や研究所、団体がデンマークの自治体を相手にロボットの実証実験を繰り返している理由があります。つまり、デンマークの自治体の方が日本より遙かに実証実験に意欲的であり、手続きもずっと簡素で、また失敗を恐れないからです。振り返って、日本の実証実験にかかる手続きの煩雑さと待機時間の長さ、安全に関する心配、そして事故に対する責任問題、そういったことが企業側の先取りの精神を萎えさせているように見受けられます。

実際、色々な福祉センターへの訪問で感じたことは施設経営者・監督者（自治体）も「試行錯誤」を恐れていませんでした。日本の場合ですと試行錯誤した結果が「錯誤」だった場合、責任問題になるという職場文化があるのでしょうか。デンマークでは福祉技術の導入も「まず試してみよう」とする姿勢が明らかです。そして、そういう現場の創意工夫や新たな試みを許す土壌、つまりすべて現場主導で物事を動かしている実態が有ります。この現場における自律的な動きが職場文化として根付いていることがデンマークにおける強みであるように思えます。

介護士の専門性と達成感の重要性

第四の課題は「介護士の有する専門性を十二分に引き出し、介護士が職務遂行に深い満足感が得られるようセンターは物理的・精神的に支援すべし。」というものです。

これも介護士の視点に立った職場の労働環境改善の動きの一つです。デンマークにおける介護士の九五％以上が女性だといわれています。その給与も社会的ステイタスも決して高いとはいえません。職場条件としてはむしろ厳しいといえるでしょう。しかし二年三ケ月の訓練を受け、また現場で様々な問題を克服してきた彼らの専門性は十分尊重されなければなりません。ここでは介護という職場で「達成感」を感じ、やりがいのある職場にしようとする点が課題として挙げられています。そう感じる介護士が少ないという現実の裏返しかもしれません。それでは、デンマークでは何故九五％もの介護士が女性なのか。その理由をセンター長のジャン・イェンセン氏に尋ねると、第一に公営センターの介護士の勤務契約が比較的フレキシブルで、たとえば介護士が小さな子供を抱えている若い女性の場合、週に三日とか、あるいは午前中のみとか午後のみの勤務契約も許されているのです。女性にとってこの家庭と職場のバランスを柔軟にとれるというのは魅力的なようです。第二に、介護等の職務の性質上、元々母性が適しているのではないかといいます。高齢者をケアするのに必ずしも肉体的に重労働が必要なわけではなく（部屋の移動にはリフトを使用するなど）また、湯船につかる入浴習慣のないデンマークにおいて初めて可能なことかもしれません。

ケアセンターの最適な運営

「ケアセンターの日々の業務に工夫を凝らし、賢く運営することにより、センターの維持運営費を極小化する。」

これはコスト面、予算面の課題です。デンマークの高齢者センター運営も二〇〇八年のリーマンショック、欧州経済危機の中で予算が切り詰められています。地方によっては少子高齢化の中、これまで子供たちにかけてきた費用を高齢者介護に回せるようになっているところもあると聞いていますが、一般的には予算が伸びない中かなり厳しい運営がなされてきているようです。コストの削減、予算の効率的な利用のためこれまでどのような努力を積み重ねてきたかについてジャン・イェンセン所長は次のように答えてくれました。「第一に、よく働くのではなく、賢く働くことが求められている（work smarter, not harder）。スタッフ三五〇人のうち、四五％が二年三ケ月の教育を受けた介護士、四五％が一年間の教育を受けた介護士、三～五％が四年間の教育を受けた看護師、残りがサポートスタッフです。予算の効率性を高めるためにまず必要なことはこれらスタッフ全員の意識を高めること、特になぜ仕事の効率性を高めることが必要なのかについて十分な理解を得ること。そうすることで各自の仕事のモチベーションを高めることができる。次に新しいテクノロジーやインベンションの導入。そして、古い職場慣行や古い思考を変えること。最後に、アウトソーシングなどを積極的に取り入れ組織を絶えず改革していくこと。ちなみに今や訪問介護のうち約二〇％が民間企業へのアウトソーシングであり、コペンハーゲン市だけでも六～七の有力民営企業と契約している」とのことでした。

研究所・アカデミアとの連携

「ケアセンターは「実証実験の場（a living lab）」として研究所や研究者と絶えず連携をとり、高齢者の行動、福祉技術の導入、センターの最適運営等の面において「新しい解決策」の発案、試行、そして実践に向けて積極的でなければならない。」

この目標ほどデンマークにおけるケアセンターの基本的姿勢を良く表しているものはないように思えます。センターの姿勢として新たな課題解決に向けての情熱が感じられます。そして、外部の大学や民間の研究機関の成果を積極的に取り入れ、センターの問題を解決していこうとしています。

環境に優しいエネルギーの導入

これもいかにもデンマークらしいのですが、センターの建設・回収、運営においてLEDの導入、太陽光パネルの導入等、地球環境への対応とコストの極小化の課題を再生可能なエネルギーの導入で解決しようとしています。

コラム　エルドラセイエン（Ældre Sagen）

エルドラセイエンとはデンマーク国民約五七〇万人のうち六五万人（二〇一三年）が参加する最大の全国的民間高齢者組織で、全国二一七の支部を有します。主な活動は、高齢者のアクティブ・エイジングのための様々な活動を行うと同時に、政治的中立の立場から各政党に高齢者福祉政策を助言し要請するロビイング団体でもあります。その基本的理念は、高齢者の意見を代弁し、政治的、民族的、宗教的に偏らず、高齢者に寄り添い、高齢者が抱える諸問題の解決などのため実際に行動を起こすことにあるのです。

エルドラセイエンは高齢者への貢献から幅広く国民の支持と尊敬を集めており、ほかの高齢者のために役に立ちたいとするメンバーが多いといいます。具体的な活動としては、高齢者への訪問、孤老への「安心コール」（このおかげで自宅で倒れていた孤老が救われた例が多々あるといいます）、一緒に体操をする、スポーツを指導する、このほか、何でもちょっとした手伝いをする、一緒に食事をする、趣味の映画や小旅行に出かける、鍵っ子と一緒にいてあげる、入院患者を訪問する、一緒に買い物をする、一人暮らしの男性との食事をする、など広範囲かつ具体的な支援活動をしており、また特に地域の自治体などに対し政治的影響力を行使しています。

第4章　国民の総意としての環境・エネルギー政策

図4.1　洋上の風力タービン（著者撮影）
デンマークでも風力タービンはもともと陸上に設置されました。しかし、景観を害するとか低周波が健康に悪いとかの批判が出たこともあり、近年ではほとんどが洋上に建設されています。たまたまデンマークの海岸線が遠浅であったことも幸いしたのでしょう。建設当初は漁業権の問題とか航路の安全確保などの観点からいろいろ批判もあったようですが、今ではタービンの周辺がむしろ好漁場になっているようです。

野心的な環境・エネルギー計画

デンマークが「二〇五〇年までに化石燃料から脱却する」という野心的な目標を掲げているのは世界的に有名です。一般にはこの目標に対して懐疑的な人も多いようですが、実はこの目標は決して容易ではないにしても、「経済のグリーン成長（Green Growth）」を国家の基本政策に掲げるデンマークにとっては、ビジネス感覚に合致した極めて現実的なものなのです。

デンマーク経済は七〇年代の石油危機により、日本と同様大きなダメージを受けました。それは、一九七二年の総エネルギー消費の九二％が石油であり、原油輸入を中心にエネルギーの対外依存度が極めて高かった背景があります。

一九七六年、デンマークは石油危機の経験を踏まえ、初めて国家エネルギー計画を作成し、それ以降何度か改訂してきました。そのエネルギー政策の基本目標は以下の三点に要約されます。

（1）安定的なエネルギー供給源を確保して、エネルギー自給率を向上させる
（2）エネルギー効率を高め、エネルギーコストを最小化する
（3）環境に優しいエネルギーの活用を通し、気候変動問題を解決するため国際社会の先頭に立つ

というものです。

自給率

この内、エネルギー自給率については、石油危機以降一旦は原子力の導入も検討します。七六年の「計画」では実際ロラン島など六ケ所に原子炉設立を計画しました。しかし後述するように結局はこれを諦め、国家と企業によるエネルギー・ビジネス戦略に基づき、風力、バイオマスを中心に持続可能なエネルギー開発を推進します。また、一九七一年にデンマーク沖で発見された北海のゴルム油田が一九八一年に生産を開始し、その後の積極的な開発投資もあり、小規模ながら産油国としての地位を占めます（二〇一三年日量約二〇万バーレル）。その結果、エネルギー自給率は一九七二年の二％から、九〇年には約

五〇％へと改善し、二〇一一年には一一〇％に至ります。つまりエネルギーの純輸出国へと変貌したのです。今では電力発電の内約四六％が再生可能エネルギーにより賄われており、その約三〇％が風力発電です。現在デンマークが輸入しているエネルギー資源は発電の約四〇％を占める石炭で、南アフリカやアメリカ等から輸入しています。

エネルギー効率

次に、政府による課税政策、各産業セクターにおける努力、電力と熱供給の統合化（CHP：Cobined Heat and Power）の意欲的な導入により、エネルギー効率が大きく改善され、世界でも日本、イタリアに次ぐ高さを誇っています。この結果、一九八〇年以降二〇〇八年までの二八年間にデンマークのGDPは約八〇％増加しますが、この間の年間エネルギー消費量はほぼ横ばいでした。従って、この間一単位当たりのGDPを生産するのに消費したエネルギー量は約四〇％減少したことになります。また、気候変動問題にかけるデンマークの意気込みは驚くべきものがあります。地球温暖化を人類が直面している「危機」の一つとして捉え、この解決に国を挙げて取り組み、「世界の模範（showcase）」たらんとしているのです。

エネルギー環境政策

次にエネルギー環境政策を見てみましょう。二〇一一年秋、一〇年ぶりに成立した社会民主党を中心とする中道左派政権は、「われわれの将来のエネルギー」と呼ばれる政策を発表しました。これは前自由・保守連合政権が二〇一〇年に公にした「エネルギー戦略二〇五〇」を下地にしていますが、左派政権らしく、より野心的かつ達成年を示した具体的なものになっています。以下はこの基本政策に基づき政党間により合意された「エネルギー合意二〇一二」のポイントです。この政策は二〇一五年の総選挙で政権を取った自由党によっても基本的に継承されています。

・長期目標

二〇五〇年までに化石燃料からの脱却を目指す（エネルギー供給のため化石燃料を使わない）。

・中期目標

A　二〇二〇年を第一段階として

（1）電力供給の五〇％を風力で賄う

（2）一次エネルギーの三五％を再生可能なエネルギーで賄う（二〇〇〇年は二〇％）

（3）エネルギー需要を二〇〇六年比で一二％削減する

（4）温室効果ガスを九〇年比で三四％削減する（因みにEUの目標は二〇％削減）

（5）運輸部門の少なくとも三五％はバイオ燃料を中心とした再生可能なエネルギーで賄う

B　二〇三〇〜二〇三五年を第二段階として

（1）二〇三〇年までに段階的に石炭発電をやめる

（2）石油ボイラーを段階的に廃止する
（3）二〇三五年までに電力・暖房は全て再生可能エネルギーで賄う

としています。そしてこの合意は目標の設定に留まらず、これを実現するために必要な資金手当、研究開発などについても合意しています（投資予定額は三五億クローネ、約五五〇億円）。後述の通り、この政党間合意が仮に将来政権が交代しても政策の継続性を保障しているのです。

デンマークの環境エネルギー政策を支えるバックボーン

それでは、このような野心的かつ進取の気概に富むエネルギー環境政策の企画・立案及び実施を可能にしている基本的な背景は何でしょうか。私なりに考えてみるに、すぐ気づくのは（1）政府決定に先立つ政党間合意の伝統、（2）国家・市場・市民によるアライアンス（連携）形成、（3）小国の気概、の三点にあろうかと思われます。

政権交代に左右されない政党間合意

まず、二〇五〇年までに化石燃料に依存しない経済社会を実現するという野心的な目標ですが、これは今後三〇年以上という長期にわたり、仮に政権交代があっても（間違いなくあるでしょう）新政権が同じ目標を堅持し続けることを意味します。日本では考え難いですが、おそらくデンマークでは誰もこれを疑う人はいないでしょう。それは、この目標が単に政権与党による目標であるだけでなく、野党も含めた広範な政治勢力の合意に基づくいわば「国是」だからです。実際デンマークでは過去約一〇年ごとに政権が交代してきています。しかし、前回の総選挙後へレ・トーニング＝シュミット首相（当時）が勝ち得たエネルギー合意は、中道左派の与党（社民党、社会主義人民党、急進自由党、統一リスト党）だけでなく野党である中道右派の自由党、保守党、及び右派国民党との辛抱強い交渉の末に得られた結果であり、反対は自由同盟一党に過ぎませんでした。これは議席数でいうと国会（一院制！）一七五議席の内一六六議席が支持したことになります。従って、将来余程のことがない限りこの政党間合意が覆されることはないのです。

この背景には、「国民の八割が社会民主主義者」といわれるような国民の高い社会志向が考えられます。先ほど、約一〇年ごとに政権が交代したと述べましたが、政権交代といってもせいぜい中道右派か中道左派かの選択であり、政権交代は「西側同盟」とか「高度福祉国家」とか「経済のグリーン成長」などの国家運営の柱となる基本政策の変更を意味しないのです。

さらにここが重要なのですが、今後三〇年以上という長期に亘ってデンマークが官民を挙げて目標達成に邁進することが予見できれば、投資家は安心して環境エネルギー・ビジネスを展開できるでしょう。仮に風力発電用タービンの減価償却に二〇年かかるとしますと、この間投資家は政府から梯子を外されることはないのです。確固たる政治合意が生んだ政策の継続性と高い予見可能性がビジネスを後押ししているのです。

国家・市場・市民によるアライアンス

次に、このように長期に亘っていわば国家目標が設定されますと、幅広い各層がこの事業に参加するようになります。実際、政府が大きな政策の枠組みを決定し、地方自治体が各地の事情に合った都市計画の一環として具体的なエネルギー政策を策定するのですが、これに呼応してビジネス界や大学などの研究機関、年金団体を含む金融機関、環境団体やNGOまでもが一斉に自分たちが有するリソースを「グリーン成長」に投資する現象が起きています。デンマークにおけるグリーン成長がこれほど成功し、今後もさらに発展する見込みが高い背景には、このような社会各層全般、すなわち国家と市場と市民社会の三者による「新しい社会契約」とも呼ぶべき総合的な取り組み体制、言葉を換えますと、全ての市場の参加者によるアライアンス（Alliance）といって良いシステムの形成があるようです。

そして、これら市場への参加者のほとんどが、良く計画されたビジネス・モデルを策定し、収益性の高い（風力ビジネスは過去二年間で約一〇％といわれています！）プロジェクトを担うことになります。つまり、これら市場参加者は極めて高いビジネス志向を有し（儲かる！）、しかも自分たちの事業が地球温暖化問題の解決に資し、かつ経済成長や雇用の創出に貢献するとなりますと、ビジネスとモラルが同じ方向を向き、「経済のグリーン成長」に強いモチベーションを与えることになります。これが今デンマークで起きている現象です。

小国の気概

最後に国民のメンタリティーの問題として、小国の気概ともいうべきデンマーク人の自国に対する強い自負心を挙げたいと思います。グリーン成長を推進するためデンマークは小国ではあるが、世界に冠たる高い目標を掲げただけでなく、それを実行するためあらゆるリソースとアイデアを動員し、「世界のショーケース」になろうとしています。どこからこのような気概が来るのか。これについて結論を先取りすれば「個人は社会に貢献すべき存在だ」との教育に基づく国民の高い社会性にあると思います。二〇〇九年、結果の正否は別にして差し迫った気候変動問題に真摯に対応すべくCOP15を主催したこの国の政府は、京都プロトコールの後裔の「法的拘束力を有する国際約束の合意」という高いハードルを掲げ、果敢にこれに挑戦し、世界の指導者を招聘しました。その成果はさて置き、小国とはいえデンマークの気概には敬服するものがあります。

また、CO_2削減目標は結局国民のライフスタイルや産業界の負担増(電気料金の値上げ等)を伴うわけですが、デンマーク国民や産業界はこれを「負担」とは考えず、むしろ「機会」と捉えて前向きに動き出したのです。

図4.2　イルリサットの氷壁（著者撮影）
グリーンランド（デンマークの自治領）西海岸の街イルリサット港からボートで4～5時間ほど北上しますと、幅約4キロメートル、高さ100～200メートルの氷壁にたどり着きます。そこに1時間ほど滞在しますと、時々「パパーン」という音とともに氷壁の崩落を観察できます。地球温暖化の結果、氷河内の空気が膨張し、氷を割るのです。正に気候変動の現場です。

新しい「社会契約」を支える市場参加者たち

それでは、グリーン成長に向けた「運動」ともいうべき国家と市場と市民社会による新しい「社会契約」を見てみましょう。まず、(1)国家、すなわち政治指導者がこのグリーン成長にどのような哲学的信条で臨んでいるか、また政府・自治体の具体的政策は何かを見ます。次に(2)市場の主要参加者である産業界の動きを見ます。最後に(3)市民社会、すなわち大学等の研究機関やNGOや市民の環境教育などについて触れたいと思います。

国家の役割

1　グリーン成長

最初に断っておきますが、欧州の文脈で「グリーン」という言葉は、かなり誤解されやすい言葉です。一時期欧州で流行り、成長してきたグリーン政党にはクリーンなイメージと共に優しい理想主義的な語感があるようです。また、「グリーン成長」というと、大きな経済を力強く支えるには心許ないというイメージがあるかと思います。なぜこういう話から始めるのかといいますと、デンマークでの「グリーン成長」は実はこれとは対極にあり、そこには実利と計算に裏打ちされた、したたかな姿が垣間見られるからです。グリーン成長は今やデンマーク経済を力強く推進する主流の考え方なのです。

グリーン成長の思想的な背景として特に確立したものはないかと思いますが、例えばデンマークの環境エネルギー政策を主導したM・リデゴー元環境大臣は公職に就任する前、コンチート(CONTITO)

という最も大きなグリーン・ネットワーク（NGO）を主催していました。彼の主張は概ね以下の通りです。

「現在私たちは三つの危機に直面している。それは、第一にリーマンショック（financial crisis）に続く欧州経済危機。この間に多くの雇用と経済の安定が失われた（注：現にデンマークではこの間約一八万人の雇用が失われました）。第二に、天然資源の危機。私たちは今、資源の枯渇の時代に生きている。第三に地球温暖化の危機である。そして、この三重の危機を克服できる唯一の解決法がグリーン成長なのだ。さらなる陸上・洋上風力やバイオ燃料などの再生可能なエネルギーの活用や電力と暖房を同時に手当てするコジェネの導入などの事業を全国的に展開し、新しい雇用を創出する。そして、二〇五〇年までにエネルギー供給のための化石燃料に依存せず、CO_2の排出を極小化する社会を実現するのだ。」

ここでリデゴー元大臣がいわんとしているのは、「もう私たちは石油・天然ガス・石炭のような化石燃料に頼るのはやめよう。値段は高いし、もうすぐ枯渇するし、温室効果ガスは排出するし、この際クリーンな自然エネルギーに移行しよう。風力やバイオマス、さらには太陽光、コジェネ（cogeneration）のために投資しよう。その研究開発の過程で技術革新も生まれるだろう。この環境エネルギー・ビジネスを大いに展開することによって、経済成長を成し遂げ、雇用を創出しよう。そして、将来の世代のために、クリーンで効率的な社会を創ろう。」というものです。

実際、天然資源を大切に使おう、無駄をしないようにしよう、地球環境を守ろう、そして健康的な生活環境を次世代に引き継いでいこう、という考え方は今やほとんどのデンマーク人に共有されており、世代を超えた当然の倫理感になっているといっても良いでしょう。

また、このクリーンで効率的な社会を目指そうという考え方は、この国のエネルギー政策で際だった成果を上げているエネルギー効率性の向上に結実されているのです。

2 原子力への決別

次に、デンマークが再生可能なエネルギーへと大きく傾斜していく背景として、原子力を断念したことが挙げられます。政府はエネルギー・環境政策の基本的枠組みとして、第一次石油危機後一九七六年に初めて国家エネルギー計画を策定し、以降、何度か改訂してきました。七六年にはエネルギーの外国依存、特に石油への依存度を低減するため一旦は原子力の導入も検討したことがあったのです。しかし、米国のスリーマイル島の原子力発電事故以降盛り上がった反原発の国民運動、及び同時期に北海のゴルム油田からの生産が開始されたことにより、結局は原子力を諦め、八五年には議会でその導入を凍結する旨の決議をします。

原子力と決別した経緯を詳しく述べますと、デンマークでは一九六〇年代からウラニウムを使用した原子力の平和利用がＲＩＳＯ（原子力研究所）を舞台に研究されてきました。ＲＩＳＯには電気事業者からの期待も高かったのです。ただ、当時は石油価格が安価で、財政的な観点から原子力発電所の建設を正当化できませんでした。しかし、七三年の石油危機により事情は一変します。外国の資源に大きく依存していたデンマークでは、与野党のみならず多くの国民も原子力を支持するようになったのです。当時のギャロップの世論調査によりますと、国民の六七%が原発を何らかの形で支持し、明確な反対は一七%に過ぎませんでした。

その後、七四年に自由党政府（中道右派）が提出した原子力導入の可能性に関する法案が初めて議会で審議され、七六年にはその年に成立した社民党政権（中道左派）がより現実的な法案を提出します。しかし、この法案は原子力について良く検討・吟味されたものではないとの批判が強く、政府はその後多くの技術的側面についてさらなる研究を余儀なくされます。その主な点は、原子力発電所運転の安全性、放射性廃棄物の処分方法、資金・経済的側面、原発の立地場所と地域住民への影響等々でした。しかし、これら報告書の作成には長い期間がかかり、これが事実上原発の導入を何度も延期させる要因になったといわれています。

この間、電気事業者からの圧倒的な宣伝や広報に対抗して、七四年に設立されたOOA（Organisationentil Oplysning om Atomkraft：原子力情報組織）と呼ばれる草の根NGOが原発問題について徹底した議論を行うよう要求し、反原発キャンペーンの中心を担うようになります。ビラが各家庭に配られ、デモが組織され、政治家、研究者、ジャーナリストなどに対する説得が続いたといいます。

七九年に米国スリーマイル島で起きた原発事故はこの反原発キャンペーンにとって強い追い風となり

ました。これがこれまで原子力を容認していた政治家、とりわけ社民党メンバーを容認派から慎重派へと徐々に変えることになります。いつまでも結論が出ずに、繰り返される報告書の作成等がこの流れを加勢し、原発支持派の社民党から国民が離れ、八四年の総選挙では敗北に追い込まれます。そして八五年に新たに成立した保守党政権は最終的に原子力を凍結するとする決議案を議会に提出したのです。八六年の世論調査では、約八〇％の国民が原発に反対しています。これ以降、デンマークは原子力に頼らないエネルギー源を追い求めることになるのですが、軌を一にして八一年に北海油田が開発され、デンマークの国内石油需要が賄われる状況になったことも、政治家や国民の原子力離れを促した一因であったといわれています。

またこの頃、欧州では反核運動の嵐が起こります。七九年一二月にNATO外相・国防相会議がソ連が東欧に展開している中距離核弾頭ミサイルSS20を撤去しなければパーシングⅡ（巡航型中距離核ミサイル）五七二基を欧州五ケ国に配備するとの決定を行います。

これに対しドイツを中心に各国で大規模な反核運動が起きます。このNATOの決定はソ連の中距離核に対し、米国の戦略核兵器の抑止力が果たして信頼できるか否かの疑問に直接答えるものでしたが、この決定に対し各地で市民が激しく反発し、デンマークの反原発運動にも影響を及ぼしたのです。その後結局ソ連はSS20の撤去に追い込まれますが、これはNATOの歴史的決定の成果であったといわれています。

二〇〇七年に二十数年振りに行われたギャロップの調査によれば、近年でも依然七六％の国民が原子力に反対の意思を表明しています。

3　再生可能エネルギーへの傾斜

また、八四年のいわゆる「ブルントラント委員会」（注）は国際社会が「持続可能な発展」へと舵を切った会議といわれていますが、デンマークでもこれ以降再生可能なエネルギーへの傾斜が強まります。そして一九九〇年の「エネルギー２０００：持続的なアクションプラン」では、二〇〇五年のCO_2排出量を八八年比で二〇％削減するとの目標を掲げ、その政策手段として九二年にCO_2税を導入するのです。その後、九六年の「エネルギー21」ではさらに再生可能エネルギーの導入を強力に推進する政策を掲げます。

そして二〇一一年には、政府の「気候変動委員会」の報告書を受けて、二〇五〇年までにエネルギー供給のための化石燃料に依存しない社会を目指すとの政策目標を掲げ、それを実施するための計画である「エネルギー戦略２０５０」を発表しました。

その後、二〇一一年秋、さらに意欲的な「われわれの将来のエネルギー」を発表し、さらに進んだ政策を推進しているのです。しかし、M・リデゴー元環境エネルギー大臣の目には必ずしもそうは映ってい

（注）国際連合の「環境と開発に関する委員会」はノルウェー首相のグロ・ブルントラントが委員長となり、一九八七年に最終報告書「Our Common Future」が採択された。その主要理念は、経済開発と環境保全を相反するものとしてとらえず、共存するものとして環境に配慮した開発が可能（持続的な開発）であるという考えに基づいている。

ないようです。「デンマークはグリーン競争で英国、ドイツ、スウェーデンの後塵を拝している」といい、おしりに火のついたような感覚を有しているのです。この辺りが、欧州におけるグリーン成長をめぐる競争状態を如実に表しているように見受けられます。

このようにデンマークでは政治主導で脱原発、さらには脱化石燃料の大枠を決め、再生可能なエネルギーの普及へと大きく扉を開いていったことがわかります。デンマークでは「所得税を下げてでも公害の発生源、非効率な資源消費に対する税金を上げる」との信念の下、再生可能なエネルギーの普及が進められています。

4　政策インセンティブ

これまで見てきたように、デンマーク政府は一九七〇年代から風力発電に対する政策的なインセンティブを導入しますが、一九八五年に議会が原子力発電の導入を断念する議決を通す前後から再生可能エネルギーに大きく舵を切り、積極的な政策を打ち出します。それは大きく、(ア)投資補助金、(イ)電力固定価格買い取り制度(FIT)、(ウ)優遇税制の三つにまとめることができます。

まず、第一次石油危機後の一九七六年に風力発電への投資額に対し最大四〇%を政府が補助する制度を導入しました。この補助比率は徐々に減り、八九年に廃止されますが、これがデンマークにおける風力発電建設をジャンプさせました。次に電力固定価格買い取り制度ですが、すでに一九八四年に導入され、当時一kWh当たり二八オーレ(注)、約四・三円で買い取りが始まりました。その後政府は一九九一年から二〇〇一年の一〇年間にプレミアムを上乗せし、買い取り価格をほぼ倍増させます。風力発電は現在は約二五オーレ（約四円）／kWhですが、それが普及に大きな貢献をしたことは間違いありません。そして第三に税制上の優遇措置ですが、一九八三年以降風力発電機の減価償却費とローンの金利部分を税控除の対象にしました。現在では売電価格収入のうち七〇〇〇クローネ（約一一万円）を非課税扱いとしています。

ただ、政府は二〇二〇年までに買い取り制度を含め、風力発電に関するすべての補助を全廃するとしています。もう政府によるインセンティブなしでも風力発電は十分経済的に自立できるとの判断でしょう。

5　ユニークな自治体の取り組み（地方興し、離島政策、観光資源としてのグリーン成長）

政府によるこのような環境重視の政策を受けて、多くの自治体が意欲的かつユニークな取り組みを行っています。ここで注目すべきはこれら自治体が「ブランド戦略」ともいうべき自己主張をしていることです。たとえばコペンハーゲン市は「二〇二五年に世界で初めてのCO_2フリーな首都」を目指しています。また、ボーンホルム島、ロラン島、サムソ島はそれぞれ「緑鮮やかな島」「コミュニティ実験施設の島」「環境研修アカデミーの島」等々の旗を掲げています。そして、自治体はそれぞれの都市計画に環境政策を埋め込んでいます。ここで注目したいのは、このクリーンなイメージが企業（ビジネス）に有利な

（注）　一クローネは一〇〇オーレ

だけではなく、地域興し、離島対策、過疎対策、さらには観光産業にとって追い風になっていることです。観光地は「CO_2を排出しない」クリーンで健康的なイメージを売り物にしているのです。

たとえば、バルト海に浮かぶボーンホルム島は人口六万人の小島ですが、年間六〇万人の外国人観光客が訪れます。この島は、「緑の鮮やかな島」計画を掲げ、専門家によるブランド戦略やマーケティング戦略をたて、風力やバイオマスや電気自動車等再生可能なエネルギーのみの島（CO_2ニュートラル（注））として益々観光客の人気を博し、また各国の環境・エネルギー関係者の注目も集めています。その一つがEU（欧州連合）も参加している国際的な研究開発計画である「EcoGridプロジェクト」です。これはスマートグリッドやスマートメーターの導入により島の電力需要を制御し、発電・送電・配電・消費に至るトータルシステムを最も効率的に構築しようとする計画です。ボーンホルム島はスウェーデンと海底ケーブルで結ばれ電力の融通を行っていますが、この計画には電気自動車を蓄電池として活用するEDISONプロジェクトも含んでおり、中心となっているのはデンマーク工科大学です。またこの島は他の島（タスマニア島、済州島、ナンタッケ島、等々）に呼びかけ、同じくクリーンなイメージを持ってそのブランドを世界的なネットワークにしようとの計画を持っています。

また、環境エネルギーの島として日本でも有名になったサムソ島はエネルギーアカデミーを設立し、ここでも風力、バイオマス、低エネルギーハウスなどのデモを展示すると共に、外部より企業人・学生を招聘し、幅広くエネルギー環境研修を行っています。もちろんCO_2ニュートラルな島を目指しています。

また、かつて経済的に取り残されたロラン島は再生可能エネルギーの島へと脱皮し、風力発電のみならず藻を使ったバイオマスの増産や水素による転換装置など様々な先進的な実証実験を行っており、世界の注目を集めています。一時VESTAS（風力発電タービン企業）もここに風力発電部品の工場を建設するなどして進出し、経済的な再生に大きく貢献しました。

また、これら多くの自治体では企業・市民・学生・児童に対するエネルギー研修・教育に力を入れています。そこでは子供も巻き込んで、グリーン経済に対する意識を高めるプログラムが組まれます。私がボーンホルム島で聞いたのは「いかに幼児や子供に環境の大切さを学ばせ、感動させるか」が重要で、子供達の興味を引き出す様々なパネルや装置を展示したり、またダンフォスユニバース（ユトランド半島のアルス島）のようにエネルギーをテーマにしたおもしろい公園を設置するなどして、「帰宅後その子供たちが得意そうに親や兄弟に学んだことを話す」ようにプログラムに腐心しているといいます。将来世代にこの感覚が引き継がれるよう、若い世代にターゲットを当てるのがポイントのようです。

6　世界初のCO_2フリーな首都（コペンハーゲン市の例）

国家の定めた大枠の中で実際にエネルギー政策を実施するのは地方自治体ですが、いずれの自治体に

（注）このCO₂ニュートラルという考え方は、CO_2フリーとは少し異なります。それは、島としてはCO_2をある程度排出するのですが、同時に再生可能なエネルギーを島外に売却することで、排出分を相殺しようとする考え方です。

とっても特徴的なことは、（一）国の目標より少しでも野心的な目標を掲げ、「環境先進都市」を売り物にしていること、（二）当然、都市計画に組み込まれた現実的な施策を打ち出しているのですが、その計画の遂行によりどれだけの経済的利益が上がり、どれだけの雇用が創出されるかについて具体的な計算に基づいていることです。このプロジェクトを形成するに当たり、政府のみならず、地方政府によってはコンサルティング企業に委託し、助言を受けているところもあるようです。その取り組みを首都コペンハーゲンを例にとって見てみましょう。

二〇一〇年、首都コペンハーゲン市（人口約三〇万、周辺を入れると約五〇万人）は野心的なエネルギー政策「コペンハーゲン2025年」を発表しました。これは、政府の政策目標よりも先進的な目標すなわち、二〇二五年までに世界最初の化石燃料に頼らない首都になる（！）であったため、多くの注目を集めました。そして、それを実現する中間目標として、二〇一五年までに二〇〇五年比で二〇％のCO_2を削減するというものです。市はこれを実現するために以下の三点を掲げました。

（1）コペンハーゲンの市民生活や経済活動に影響を及ぼすことなく、エネルギー総需要を削減する。具体的には、
・市街地の全ての電灯をLEDに置き換える（投資額約二〇〇億円）
・ビル・建物のエネルギー効率を改善する（同約五〇〇億円）
（2）石炭の使用を全て風力、バイオマス、太陽光に置き換える。具体例として、

・地域のコジェネに使われている石炭をバイオマスに置き換える
・追加的に一〇〇基の風力発電タービンを設置する
・全ての公共施設の屋根に太陽光パネルを設置する
・コペンハーゲン南部のアマー島に地熱発電設備を建設する
（3）交通、住宅、熱供給、産業界のエネルギー効率を上げる。具体例として、
・天候にかかわらず自転車通勤を奨励するために、さらに自転車専用道を整備する（同約九〇億円）

そして、中間目標については、この間コペンハーゲン市の人口が一〇％増えたにもかかわらず、すでに二〇一一年に四年前倒しで達成してしまいました。

市はこの政策を実施するため、市自身が二七億クローネ（約四〇〇億円）を負担、民間に二〇〇億～二五〇億クローネ（二七〇〇億～三三〇〇億円）の投資を期待しています。また、再生可能なエネルギーの普及により上昇が見込まれる熱・電気料金の値上げ分をエネルギー効率の向上と総需要の抑制により相殺することを計画しています。その結果、目標達成時の二〇二五年までに一世帯当たり年間四〇〇〇クローネ（約五万四〇〇〇円）の電気料金が節約されるとしています。

実はコペンハーゲンは自転車で有名な「未来都市」ですが、実際ここに住んでみますと雨天の場合でも悠然と自転車通勤する人（若者や女性が多いと見受けられます）と自動車通勤の人に分かれます。自転車

専用道のさらなる整備拡充で「自転車文化」の拡大・深化を計ろうというわけです。また、自動車の利用を抑制しようとして選挙期間中から主張されてきた「自動車渋滞税」の導入が政争の結果頓挫し、コペンハーゲン市のエネルギー計画も影響を受けましたが、市は公用車に電気自動車やバイオ燃料を導入することで運輸部門におけるCO_2ニュートラルを未だ諦めていません。

このようなコペンハーゲン市の取り組みはわれわれからすると相当野心的に映りますが、環境NGOのグリーン・ピースは「市が再生可能なエネルギー活用の最前線に立っていることは他の自治体の先駆けともなり賞賛に値するが、CO_2ニュートラルはCO_2フリーとは異なり、依然としてCO_2を排出していることに変わりはない」と手厳しい見方をしています。

参考：「コペンハーゲン2025年」の骨子

市の政策目標

（1）エネルギー需要の抑制

・熱利用の二〇%削減

・家庭電気使用の二〇%削減

・企業の電気使用量の二〇%削減

（2）エネルギー供給

・一%を太陽光で賄う

図4.3　冬の自転車通勤風景
　雪の日でも自転車道は一早く雪かきが行われ、人々が自転車で通勤する姿が見られる。

図4.4　閲兵式の前を自転車で横切る女性通勤者

・熱供給のCO_2ニュートラル
・風力・バイオマス発電で総電気需要を上回る
・プラスチック処理の強化
・有機ゴミからのバイオガス生産

（3）交通分野
・七五％の交通手段を自転車か公共交通手段（利用者を二〇％増加）にする
・五〇％の通勤を自転車にする・公共交通手段をCO_2ニュートラルにする
・自動車の二〇〜四〇％を代替燃料にする

（4）市当局の目標
・市庁舎のエネルギー消費を四〇％削減する
・公用車を全てバイオ燃料・ガスまたは水素に転換する
・市庁舎ビルの三万平米に太陽光パネルを設置する

（5）予算手当
・コペンハーゲン市二五億クローネ（約三七〇億円）
・新規ビルへの民間投資六〇億クローネ（約九〇〇億円）
・既存ビルのエネルギー効率改善三六億クローネ（約五四〇億円）
・エネルギー供給への投資一〇〇億〜一五〇億クローネ（約一五〇〇億〜二〇〇〇億円）

市場（民間企業・産業界）の役割

1　旺盛なビジネスマインド

次に、デンマーク経済界が「グリーン成長」にどのような考え方で臨んでいるのかを見てみましょう。まずいえることは、経済界で国家事業ともいうべき再生可能エネルギーへの傾斜を疑うものはほとんどいないということです。それどころか、このグリーン分野を国際社会における次世代のメガ競争の主要分野と捉えています。リーマンショック以降の欧州経済危機、天然資源の危機、そして地球温暖化の危機を「危機」ではなく「機会」（ビジネスチャンス）と捉え、積極的に自社のアイディアなり製品なりを売り込み、市場に提案している、というのが実態でしょう。

2　将来の競争産業

産業界はこの分野をデンマークにとって潜在的に国際競争力のある分野（competitive edge）と捉え、具体的に以下を提案しています。

・バイオエタノール市場

これは、ノボザイム社が開発したエンザイム（酵素）を使用し、藁などの農業廃棄物から高度なバイオエタノールを生産してガソリンに取って代えようとするものです。同社は大手エネルギー企業のDONE社及びノルウェーの石油会社のSTATOIL社と協力して、一〇億トンとも二〇億トンともいわれる藻を活用し、二〇二〇年までにガソリン消費の一〇％を代替し、四千人の雇用を生み出すとしています。また、今後益々伸びていく運輸部門のCO_2削減は頭の痛い課題ですが、同社は二〇五〇年に二三〇億台に増加する自動車、四〇年後に枯渇するといわれる石油事情などを背景に、同社の開発した高度バイオエタノールを使えば一〇〇万人の雇用創出と安定したエネルギー供給も確保されるとしています。

・バイオガス、バイオ精製技術の研究開発

次に、バイオ精製技術により初めて石油製プラスチックに代わるバイオプラスチックを生産することができるとして、今、その研究開発を進めています。その将来性は、現在の石油収入に匹敵するものとされています。また、ゴミなどの生活廃棄物からバイオガスを生産する計画が進んでおり、コペンハーゲンのアマー島の実験装置、フレデリックスハウン市でも建設が計画されています。

・スマートグリッド

これは電力消費量を削減するのに有力な方法で、電力会社と消費者がコミュニケートできるシステムとして注目を集めてきました。デンマークのＮＲＧｉは協同組合が所有している電力送配電会社ですが、消費者による電力会社経営を提案しており、光ファイバー網への投資、スマートメーターへの交換促進、ＬＥＤの普及などにも意欲的です。

・波力、風力、太陽光の併設

風力発電タービンは、無風状態の時と同様風が強すぎる時も安全性の観点から運転をストップするのですが、ユトランド半島北西部に位置する町ハンストホルムではWave Star社が波力による発電装置を洋上に浮かべ実験を行っています。波力発電装置を併設することにより、風力発電の供給不安定性を克服できるのみならず、最大五〇％発電量を増加することができ、結果的にコストを相当下げることができるといいます。さらに波力発電施設を太陽光パネルでカバーすることで一段の効果を上げうるとしています。すでにフランス、スペイン、ポルトガルでこのプロジェクトが始まっています。ただし、今の時点では波力による発電コストは一般の発電コストの約四倍と高く、今後は使用素材の改善を通じてコスト面での制約をいかに打ち破っていくかが課題になっています。

・地域暖房と発電施設の統合／石油ボイラーのヒートポンプへの転換

ＩＥＡ（国際エネルギー機関）は二〇一一年五月に、全ての地域暖房と電力供給を統合すべし、との勧告を出しました。これによりCO_2の排出を半減できるといいます。実際、発電所から出る熱は多くの場合、河川や空気中に放出されているわけですが、これを最大限活用すべしということです。これは以前からコジェネと呼称され、デンマークでは一〇〇年の歴史を有していますが、今回の勧告を追い風にして、地域暖房の技術移転を有力な輸出産業にしようとしています。

また、現在四〇万ケ所ある石油ボイラーをヒートポンプに代替する計画も進んでいます。

・ダンフォス社のダンフォス・ソリューション

エネルギーの最適消費と節約を売り物にしている同社は、新しい技術革新を待たずとも、すべての企業は既存の技術を使って二〇～二五％のエネルギーを節約できるとする「ダンフォス・ソリューション」を提案しています。この提案の魅力は、エネルギー節約への投資を四年ほどで回収し、平均一五～二〇%の投資収益率を得ることができるとしていることです。二〇一二年に初めて訪問した胡錦涛前中国主席に同行したビジネスマンが多数同社を訪問し、商談が成立しています。

エネルギーシステムの相違(デンマークから何を学ぶか)

最後に、デンマークと日本のエネルギーシステムの相違について概観してみます。ここではとりあえず「エネルギーシステム」といっておきますが、本来は「社会制度」あるいは「社会文化制度」の違いといいたいところです。つまり、両国のエネルギー事情は単にテクノロジーや政策の違いに留まらず、社会の仕組み、そしてそれを支える政治文化の違いによるものと考えられるからです。

日本は二〇一一年の東日本大震災後原子力への恐れと反発があり、今後の原子力の先行きは見通せませんが、再生可能な自然エネルギーへの傾斜は進んでいるように見受けられます。それでは、デンマークと日本とでは電力の供給構造にどのような違いがあるのでしょうか、そしてそれはどのような歴史的社会的背景に基づいているのでしょうか、また今後日本として何を学んでいくべきなのでしょうか。こういった問題意識を持ってデンマークと日本の相違を見てみましょう。

電力供給システムの相違

1　トップ・ダウンvsボトム・アップ

日本とデンマークの電力供給システムを比較しますとその差は一目瞭然です。第一の差は、日本の場合電力会社一〇社がいわば日本を地理的に分割し、その地域において、発電・送配電をほぼ「独占」してきました。かなり前からＩＰＰ（Independent Power Producers）と呼ばれる比較的大きな企業の工場などで独自の発電、余剰電力の売買が進んできましたが、基本的には統合された地域独占企業により電力の安定的供給が確保されてきました。いわばトップ・ダウン方式です。消費者は比較的安価な電力を必要なとき必要なだけ享受してきたといえます。これら一〇電力会社に占める原子力エネルギーの比率は様々ですが、一般的には原子力が電力供給のベースロードとしての役割を果たしてきました。そして、わが国平均では電力の約二五～三〇％超を原子力が賄ってきたのです。

他方、デンマークのエネルギー供給構造は日本の対極にあります。ボトム・アップ方式とでもいいましょうか、すなわち、電力の供給者が無数にいるのです。それは、一五ケ所の発電所、約六〇〇ケ所の小規模発電所、約六〇〇〇基の風力タービン、その他小規模なバイオマス燃焼装置であったり石油ボイラー（約四〇万ケ所）、石炭ボイラー（約四万五〇〇〇基）であったりしますが、それぞれ小さな行政単位毎に電力を供給し、そこから発生する熱を地域暖房に活用しています。いわば地産地消です。デンマークでは電力のＦＩＴ（電力固定価格買い取り制度）が早くから（一九八四年）導入されたため、再生可能なエネルギー起源の電力は若干高値で買い取られてきました。発電された電力は公営のEnergy Netのグリッドに接続され、その後電圧を下げて地域送電会社に送られ、最終的には全国に約一三五ケ所ある配電会社（内三五ケ所は協同組合）を経由して消費者に供給されます。最終的に消費者は配電会社と契約を結び電気料金を支払います。ここまでの記述でおわかりのように、デンマークでは発電と送電と配電が完全に分離されており、発電、配電分野それぞれで競争状況にあります。発電と配電の中間に位置する送電会社は公社で、手数料を徴収するだけです。

日本でよく再生可能なエネルギーの供給安定性が問題視されます。小単位の供給者が安定的に電力を供給できるのかという疑問です。これに対しては、第一に後述する近隣諸国との相互融通ネットワーク（Nord Pool）が存在すること、第二に電力の供給義務は配電会社にあり発電側にはないこと、つまり、配電会社に供給義務があるということです。実際これだけ多くの供給者がいる事自体、ある意味で安定的な供給が得られることを意味しています。つまり、常に何社かから電力供給が途絶えても全体の供給量にはさほど影響しないのです。

そして、前述したように、実はこのボトム・アップ方式は、自立を尊び、電力でさえも自分たちで作り出そうとするデンマーク人の力強い個人主義の反映であり象徴でもあるように思えます。

なお、わが国においても近年電力の自由化が進められて来ました。二〇〇〇年に最初の小売自由化がはじまり、大規模な工場やデパートなどが電力会社を自由に選択できるようになりました。

その後二〇〇四年には中小規模の工場やビルに拡大し、二〇一六年には全面自由化がなされ一般家庭や商店も電力会社を選ぶことができるようになりました。すなわちわが国でも発電部門及び小売部門では新規参入が原則自由で、送配電部門のみ政府が許可した各地域の電力会社が携わり、電力の安定供給を保障する形態になっています。今後この自由化の動きがこれまでの電力供給におけるトップダウン方式にどういう変革を及ぼすのかを注目したいところです。

2 FITの導入

この電力供給におけるボトム・アップを成り立たせている背景には、FITを早期に(一九八四年)導入したことが上げられます。わが国でも、二〇一一年にFITが導入され、二〇一二年七月より制度が動き出しました。再生可能なエネルギーからの電力を政策的に高値で買い取ることにより、自然エネルギーの活用を促進しようとする法律です。

しかし、このFIT導入の前にもわが国にも自然エネルギーを普及させようとする動きが無かったわけではありません。それは、二〇〇二年に策定され、翌年に施行されたいわゆる新エネ等電気利用法(「電気事業者による新エネルギー等の利用に関する特別措置法」RPS法：Renewable Portfolio Standard)です。それは電気事業者に一定割合の風力、太陽光、地熱、バイオマス、水力等の再生可能エネルギーの導入を義務づけるものでした(クオーター制)。わが国のみならず、アメリカの各州も同様で、欧州でもイギリスやイタリアは今でもこの制度を有しています。しかし、日本の場合、原子力エネルギーが安価で安全でかつエネルギー自給率に貢献するというメリットが強調され、この義務づけも上手く働かなかったようです。

コラム　規制社会と税社会

デンマークと日本では政策誘導の手段が基本的発想において異なります。日本の場合、ある政策目標を達成するために規制の導入や補助金の活用などが主な手段です。これに対し、デンマークの場合は、主に課税です。たとえば政府が推し進めたいCO_2削減のために税を導入し、化石燃料の使用を抑制するのです。

これについて、当時の首相府で環境担当次官をしていたボー・リデゴー氏（前「ポリティーケン」紙編集主幹）は、私に開口一番「日本は規制社会ですが、デンマークは税社会です。ただ、お互い規制や税の優れた点を学び合ってもいいですね。」といっていたのが印象的です。二〇一〇年の具体的な例ですと、増え続ける医療費を抑制するために「脂肪税」を導入しました（いわゆるアイスクリーム税）これは高脂肪酸を含む食品に税を課し、消費を抑え、糖尿病などの慢性病を減らそうとするいわば「予防政策」であり、最終的には国家の医療費にかかる予算を抑制すると同時に、得られた税収を同じ目的に投入するかたちで導入されたものでした。

3　電力の輸出入

第三に、デンマークの電力事情でわが国にないものは、一九九〇年代に形成された国際電力取引市場ノルドプール（The Nordic Power Exchange）により、各国がグリッド（送電網）で結ばれ、年間を通して電力の輸出入が頻繁に行われていることです。デンマークはドイツ、ノルウェー、スウェーデンと直接結ばれています。デンマークは一九九九〜二〇〇〇年にこれに参加し、たとえば夏場にノルウェーからは水力発電の電力を、スウェーデン、ドイツからは原子力エネルギーを含む電力を輸入し、冬場は、たとえばノルウェーの水力発電所が凍結して停止する期間に風力、火力電力を輸出しています。この電力の輸出入がデンマークにおける電力供給の安定性に大きく貢献しています。この電力の輸出入量は季節により異なりますが、平均するとデンマーク全体の需給の一〇％程度に及ぶといわれています。

ノルドプールの仕組みは市場のあるノルウェーのオスロから毎朝一〇時頃になりますとその日の電力総需要量がインターネット上で供給者に発表されます。この需要量は季節や天候に左右されるわけですが、供給者はこれに対しその日に自社が供給できる量を通報し、この供給総量と先ほどの総需要カーブの接点により価格が決定されます。

因みにデンマークでは隣国のドイツやスウェーデンから原子力エネルギー起源の電力が輸入されますが、これに対し大きな抵抗感はないようです。この国の有力な新聞であるベアリングスケ紙が行った世論調査では、読者のごく少数がこの点を問題視しているに過ぎないようです。自国では原子力の導入は否定し、隣国スウェーデン国境のバースベック発電所の閉鎖をも主張したデンマークですが、原子力起源の電力輸入については現実的なようです。

なお、この電力融通は他のヨーロッパ諸国にも拡大しており、今後は一五ケ国間でのグリッド建設が

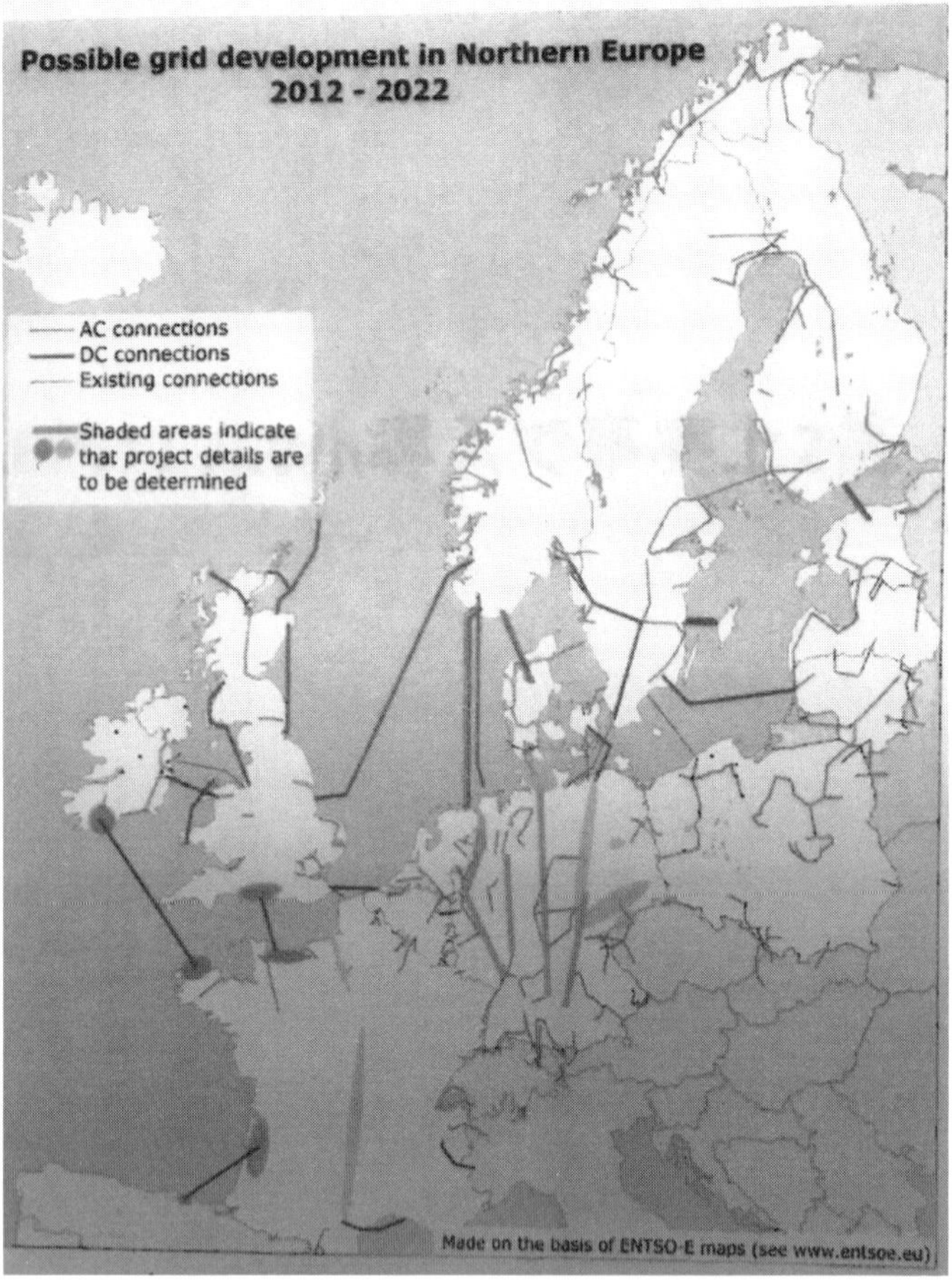

図4.5　電力の相互融通
　2022年までに北部ヨーロッパ諸国は送電網で結ばれ、電力の常時輸出入が可能になる(出典：European Network of Transmission System Operators for Electricity)

計画されています。

また、EU内では九〇年代から電力の自由化が進められてきましたが、自由化の波は暖房用の熱供給にももたらされました。その実態は各国において歴史的に形成されてきた巨大な電力・熱供給事業体のドラスティックな規制緩和を意味しました。これは各国とも一ケ国で容易にできることではなく、ある意味ではEUの大きな成果といえます。

4　地域暖房システムの有無

第四の違いは、デンマークにおける地域暖房の発達が挙げられます。これは北海道の一部を除いて日本には見られないシステムです。二〇一三年現在でデンマークにおける総熱需要の内約四八％が地域暖房、一七％が天然ガスに依存しています。残りのほとんどが中小規模の石油・石炭ボイラーあるいはヒートポンプです。

デンマークでも一九七九年までは基本的には個々の家庭や企業が石油ボイラーなどを使っていました。しかし七〇年代の石油危機以降石油への依存度を減らす政策を取る中で一九七九年に「第一次熱計画法」(Heat Plan Act)が成立します。地方自治体がそれぞれ熱需要と供給手段について調査し、県がこれをとりまとめ「熱供給計画」を策定します。

これによりどの地域でどの熱供給手段が最適か、どこにパイプラインを敷設すべきかを決めたのです。こうしてデンマークにおいて天然ガスによる地域暖房が重要な役割を果たすようになったのです。一九七二年に地域暖房は熱供給の二〇％でしたが九〇年には四〇％に上昇し、現在は四八％になっています。この数字は世界で最も高く、かつ電力と熱を同時に利用することにより（CHP：Combined Heat & Power）エネルギーの効率性の向上に大きく貢献しました。一九八〇年には電力発電の内CHPの比率は一八％でしたが二〇一一年には六三％に上昇しています。これは七七年の法律により補助金が導入されて以降八〇〜九〇年にかけてさらにインセンティブ、すなわち小規模CHPへの補助制度などが導入され、政府主導で普及が促進された結果です。これらCHPの燃料としては再生可能エネルギーが最も多く、二〇一一年には一七四ケ所の内一一三ケ所で、つまり約六五％で再生可能エネルギーが使われています。

なお、IEA（国際エネルギー機関）は前述の通り二〇一一年五月に「全ての地域暖房と電力供給を統合すべし」との勧告を出しています。この電力と熱の統合こそ今後エネルギー消費を抑制し、効率を上げる鍵といえます。

デンマークにおける地域暖房の歴史は古く、産業化・都市化の波がコペンハーゲンに及んだ一九世紀末に遡ります。当時市はフレデリックスベアに人口が集中する過程で出る廃棄物（ゴミ）の処理に悩まされました。人口密集による生ゴミの集積が悪臭のみならずコレラ等の伝染病の恐れを生み出したのです。たまたまドイツ北部の都市ハンブルグで一八九六年にゴミを焼却してその熱を暖房に活用するプロジェクトが始まったのを機に、これをフレデリックスベア市が導入することにしたのです。そして一九〇三年にデンマーク初のゴミ焼却施設が動きだし、発電と熱利用のプロジェクトが開始しました。ゴミは馬車により街中から集められプラントの冷却水がスチームとなり、地下トンネルで病院、保育所、貧困家庭に提供されたのです。

これに地方自治体が触発され、一九二〇年代には中小規模のディーゼルオイルを使った発電所が次々と建設され、その廃熱が公共施設や家庭の暖房に活用されるようになりました。これらのプラントは主に市中に建設されたため配送コストは安かったといわれています。一九三〇年代には廃熱利用が義務化されました。そして第二次大戦中、ディーゼルオイルが不足したため石炭使用の施設が一時的に普及しましたが、戦後再びディーゼルオイル使用のボイラーが余剰石炭施設を活用する形で普及し、熱供給ネットワークが形成されたのです。

デンマーク地域暖房協会は意欲的な計画を立てており、二〇三〇年までに地域暖房を全てCO_2ニュートラルにする「熱供給計画2010年」を策定し、目標達成のための投資により約七〇〇〇〜八〇〇〇人の雇用を創出し、デンマーク経済に貢献するとしています。また、この地域暖房技術やオペレーション技術さらには維持管理技術はすでに輸出産業として確立しており、輸出額は二〇一〇年に六〇億クローネから二〇二〇年には一〇三億クローネ(約一七〇〇億円)に成長するとしています。ただ、CHPもその規模により異なり、地域ぐるみで実施することが必ずしも効率的でないこともあります。

他方、日本で地域暖房が発達してこなかったのにはそれなりの歴史的経緯があるでしょう。これまで個々の企業や家庭が個別に冷暖房装置や器具で賄ってきたのです。また今後中小規模のCHPにより地域暖房するためのネットワーク等のインフラを建設するにはかなりの高コストが見込まれ、必ずしも現実的ではないかもしれません。従って、今後の課題は既存の化石燃料や原子力発電所が生み出す廃熱をどのように最大限活用できるかを検討していくことがまず必要でしょう。

コラム　バーセベック

デンマークは、自国内に原発を建設することはしなかったわけですが、これは、近接するスウェーデンの原発の閉鎖を要求することにつながっていきました。すなわち一九七五年と七七年に運転を開始したバーセベック原子炉一号機（ソフィア）と二号機（ベント）の閉鎖です。これは沸騰型（BWR）で約一二三万kwの電力出力を持つ中型の原発ですが、これが人口密集のコペンハーゲン市の約二〇キロメートル北東に位置することから、デンマーク政府はこの閉鎖を要求します。

他方、スウェーデンにおいても同時並行的に反原発の機運が大きくなり、一九七九年のスリーマイル島事故の翌年、八〇年に国民投票を実施しました。結果は、多数の国民が「段階的な脱原発（reasonable phase-out）」、すなわち現在運転中の原子炉を二五年後には閉鎖する、との選択をします。そして、その後、反原子力運動は高まり、八六年のチェルノブイリ事故でさらにこの運動が勢いを増します。そして、九七年には原子炉の廃棄により失われたエネルギーを再生可能なエネルギーにより補填するとの条件の下、法律が成立し、九九年にソフィアを、そして二〇〇五年にはベントを閉鎖することになったのです。ここまでの過程でエネルギー産業界や議会からの反発もあり、廃炉が必ずしも順調に進んだわけではありませんが、今は二〇二五年の完全廃炉に向けて作業が進んでいます。

バーセベック原発を建設する際、何故デンマークに近接する地を選んだのかについては、当時はむしろコペンハーゲンやマルモ、ルンド等の諸都市に電力や熱を供給するためには近接していた方が良いとの判断があったようです。いま、バーセベック原子力発電所は、電力会社の絶好の訓練施設として重宝がられています。

第5章　デンマーク人のメンタリティー

ある国民のメンタリティー（思考傾向）を理解する上で、その国民が誇りに思っていることや引け目に感じていることに焦点を当ててみることが有益な場合があります。デンマーク人の場合、誇りに思っているのは、まず高度福祉国家を形成してきたこと、自然に優しいエネルギー社会を実現しつつあること、また「世界で一番幸福な国」を実現してきたこと等でしょう。しかし、ここに至るまでにデンマークの人々はいくつもの困難や歴史的危機を経験してきました。ここでは先ずデンマーク人のメンタリティーに影響を及ぼしていると考えられる幾つかの点について見てみましょう。

ヴァイキングの精神と国際性

まず、ノルウェー人やスウェーデン人と同様、デンマーク人もかつて進取の気概を持って大海原に乗り出していったヴァイキングの子孫です。現代のデンマークの若者やビジネスマン達が、彼らの得意とする英語を駆使して、欧米のみならず中国やインドなどアジアの新興国へ何の躊躇もなく飛び込んでいく姿を見ると、この人々の積極的な国際性に驚かされます。彼らにとっていかに「外国」の壁が低いことか。しかしそれをヴァイキングの時代に遡って要因を求めるには若干無理があるかもしれません。

しかしデンマーク人が誇りとするものの一つに、かつてイングランド、アイルランド、フランス、さらにはポルトガル、スペイン等の地中海世界にまで進出し、時には略奪を繰り返し、時には交易で莫大な富を築き、王国さえをも建設した「栄光の歴史」があります。八六六年イングランドに植民したデーン人達はデーンロウを築き、以降一世紀以上にわたりアングロサクソンとの抗争を繰り返します。また、一〇世紀にはパリがヴァイキングにより包囲され、九一一年には首領ロロがフランスのルーアン伯爵になり、そしてその後ノルマンディー公国を建設します。そして、後にロロの子孫であるウィリアム一世が一〇六六年にノルマン朝を開くのです（ノルマン・コンクェスト）。この話題を出しますとデンマーク人達はヴァイキングの子孫であることに「誇り」とまでは行かなくても、ある種の高揚感を抱くようです。かつて優れた造船・航海技術を持って、果てしない遠隔地にまで乗り込んでいった（コロンブスより遙か以前にアメリカ大陸のニューファンドランドを発見したことはデンマーク人の好きな話題です！）そのスピリッツは彼らの自尊心をくすぐるようです。事実デーン人の伝説の英雄とされるホルガーダンスクは今でもクロンボー城（ハムレット城）の地下に剣を持って座しており、デンマークが危機に際した時には目を覚まして、立ち上がる守護神とされています。

敗北の歴史

次に、一四世紀にバルト海の通商権益を巡りハンザ同盟と対抗するカルマル同盟が成立しますが、その解体後（一五二〇年）の敗北の歴史について触れなければなりません。すなわち台頭するスウェーデンに幾度も破れ、北欧の強国としての地位を失っていく過程です。大きな戦いとしては一九世紀初期、デンマークはナポレオン戦争時に仏軍に味方して大きく敗北します。コペンハーゲンは英国海軍により二度攻撃され（内一度はネルソン提督による攻撃で炎上）、その結果ノルウェーとアイスランドを失い、北欧の小国となります。

また、特筆すべきはその半世紀後の一八六四年に起きたプロイセン・オーストリアとの戦いです（第二次スレスヴィヒ戦争）。この戦いでデンマークは再度大敗北を喫し、当時肥沃であったホルスタインとスレスヴィヒ両州を失います。当時のプロイセンの宰相はビスマルクでした。

しかしこの未曾有の国難に遭遇したとき見せたデンマーク人の強靱性がその後のデンマークを決定づけたといわれます。すなわち、すでに体制化し堕落していた教会や社会制度を見限り、自立した個人としての人間に焦点を当てたグルントヴィーの思想です。彼はフォルケ・ホイスコーレ（国民学校）を創設し、「生きた言葉」により農民の覚醒と自覚を促します。グルントヴィーの思想はその後、デンマークの政治史において自由・保守党のみならず社会民主党によっても幅広く受け入れられ、今ではデンマーク国民に深く「内在化」しているといっても過言ではありません。彼の思想がこの国の民主主義の礎となる自立した自由な個人を内面から育くんできたようです。

また、「外に失いしものを内にて取り戻さん」との言葉に感銘し、荒野ユトランドの植林に奔走したE・ダルガスの半世紀に亘る歴史があります。彼は、植林をあたかも社会運動のように展開し、敗戦に打ちひしがれた国民を鼓舞します。これらの社会的指導者が、かつてない国難から立ち上がろうとする人々の気概を支えたのです。そして国家の版図は最小になったものの、国民の力を内に結集し、豊かな国造りに立ち上がったのです。実際この一八六四年の大敗北以降の半世紀に亘るデンマークの歴史がその後のこの国の民主主義と福祉国家への道を準備することになります。「人間万事塞翁が馬」は国にも当てはまります。このデンマーク人が見せた強靱性はわが国では後に内村鑑三や秋山好古等によって語り続けられます。この一八六四年の敗戦はデンマーク人にとって引け目であると同時に「逆バネ」ともなった大きな転機でもあったようです。

小国意識

次にデンマーク人と話をするとよく「デンマークは小国だ」といいます。口にするだけでなく実際そう思っているようです。これは学校などでは意識的に教えていなくても、子供達は実際の国土面積(だいたい九州と同じ)や人口(五七〇万、北海道並)を知ると「小さい国」だと認識するようです。これがデンマーク人の意識の中で負い目になっていると思われます。しかし、それが逆バネになることもあるようです。たとえば「デンマークは小国だから外に打って出なければ生きてゆけない」という意識。これが「だから外国語(英語)を話すことは必須だ」となります。そして、実際デンマーク人の英語力には目を見張るものがあります。また、「小さい国だからこそ国際社会へ大きく貢献するのだ」として、この国はアフリカ等の途上国に対し積極的に開発援助を支出し、国連で決められた国民所得(GNI)の〇・七%を上回る額(〇・八三%)を拠出してきました。これをクリアしている国は数ケ国しかありません(因みにわが国は〇・二三%)。

筆者はこの「デンマークは小国だ」という枕詞に対し、必ず「小国かもしれないがデンマークは偉大な国だ（small but great）」といい返すことにしていました。「国や国民の価値はその大きさや人口とは関係ない」と。実際「山高くして尊からず」といいます。豊かに緑をたたえ、多くの生命を育む山こそ価値のある山だという意味でしょう。「デンマークは中国やインドと比較にならないほど小さい。しかし、国として二〇五〇年にCO_2をゼロにしようとするその気概が世界に大きな影響を与えてきた。日本についても、二〇一一年の東日本大震災の甚大な被害から整然と立ち上がろうとする気概に世界が驚いた。国の偉大さは国民の気概、気品の高さにある」といい返すのです。

ナチス占領時代——協力か抵抗か——

しかし、現在のデンマーク人、特に知識人のメンタリティーに直接的影響を与えてきたのは何といっても先の戦争においてデンマークが取った立場でしょう。これについては少し詳細に述べたいと思います。

ナチス侵攻

一九四〇年四月九日未明、突然ドイツ軍が陸海空からデンマークに侵攻してきます。それまで中立政策を取ってきたデンマークにとっては青天の霹靂であり、その政策を侵すものと映りました。実際ドイツ軍は早朝四時を過ぎるとほぼ同時にデンマーク全土一〇ケ所以上から攻めてきたのです。その一ケ所は王宮（アメリエンボー）に近接したコペンハーゲン港中央で、国軍の総本部（カステレ）に隣接したランゲリーニでした。

正に喉元に短刀を突きつけられた形でナチスによるデンマーク侵攻が始まったのです。警戒警報が鳴る前にドイツ軍は上陸し、総本部は戦わずして一五分で占拠されます。ナチスによるデンマークの「平和裡」な占領がここに始まったのです。そして、実は同時期にナチスはノルウェーのオスロとベルギー、オランダ、ルクセンブルグにも侵攻していたのです。

侵攻時に当時のムンク外務大臣に手渡された書簡によれば、ナチスによる占領は、「差し迫った英国による侵攻に対する予防的な措置」であり「戦時においてデンマーク王国を保護するため」で、「デンマークへ敵対するものではなく、その領土保全と政治的独立を侵すものではない」というものでした。しかし同時に、「もしデンマークが抵抗すれば武力によってこれに対抗する」という恫喝を伴うものであったことはいうまでもありません。

多くの戦闘機がコペンハーゲン上空を飛来する中、ドイツ軍は「国土の破滅かドイツ軍への協力か」の最後通牒を突きつけたのでした。もし、ドイツ軍に協力すればその保護の下でデンマークの民主主義は約束され、かつデンマークを欧州戦争に巻き込むことはしない、という魅力的な条件付きでした。

当初デンマーク国軍はこれに抵抗を示し、局地的な戦闘が起こります。しかし、数時間もしない内に政府の命令により戦闘は終結します。結局政府はドイツに対し宣戦することはせず、占領軍に妥協し、領土保全、政治的独立、中立政策の尊重の約束を以て、ドイツの保護下でこれまで通りの統治を続けることとなります。そして、このようなナチスへの協力的な政策を当時の議会は圧倒的に支持したのです。

このようなナチスによるデンマーク占領の目的は明らかでした。それは、北大西洋の戦略的要衝であるノルウェーを押さえ、これに海軍基地を建設し、北大西洋の制海権を掌握すると同時にバルト海の大西洋への入り口を押さえることでした。その為の前哨戦として、まずデンマークを確保し、特にユトランド半島に要塞を建設しました。そして、陸軍約一八万人、海軍約三万八〇〇〇人、空軍約二万人、合計約二三万八〇〇〇人により占領政策を展開したのです。

ナチスへの協力

デンマーク政府指導層がナチス・ドイツによる「保護占領」を受容した背景には、小さな国土を戦場にしたくない、欧州の戦争に巻き込まれたくない、そして祖国のナチズム化を避けたいとの判断があったようです。このためにナチスへの順応、あるいは適応が不可欠だったのです。しかし、占領開始時の判断とは別に以下の例に見られるようなデンマーク国民や政府によるナチスの戦争への協力——あるいは積極的な加担——がありました。

（ア）一九四一年六月二二日、ドイツ軍が対ソ攻撃を開始すると、その夏、約六〇〇〇名のボランティアによる「自由デンマーク軍」がナチスSSの一ユニットとして組織され、対ソ連侵攻に参加します。

（イ）また、同年一一月二五日、政府は防共協定（Anti-Communist Pact）への参加を表明します。当時の新聞の風刺絵に、議長席にいるヒトラーを取り囲んで座る日本やイタリアと共に、操り人形の形をしたデンマーク代表が着席しているのが残っています。これには、不本意ながらも枢軸国側に立たざるを得なかったデンマークが描かれています。

因みにこの時、防共協定参加に抗議する初めての学生運動が起きています。

（ウ）次に、デンマークの経済界・産業界のドイツへの協力が挙げられます。当時の両国間の貿易を見てみますと、ドイツからはデンマークに対し鉄や褐炭（lignite）の輸出が、デンマークからは農産物の輸出が認められます。また、デンマークの機械工場、造船所、自動車修理工場がナチス軍を支え、多くのデンマーク労働者がドイツに職を求めます。つまり、若干誇張していえば、デンマークはドイツ軍需産業の「修理工場」であると同時に、ドイツ軍の「台所」であったようです。

毎年約三万人が出稼ぎとしてドイツに出向いたといわれます。これは、多くの国民が停電、日常品不足に苦しみ、配給の日々を余儀なくされる中（実際、この時期デンマーク国民のカロリーが約一割低下したとの統計があります）、ドイツ戦時経済がデンマーク経済を支えたともいえます。他方、ナチスによるデンマーク占領が緩かった一因には農産物や食料品の確保にデンマークの協力が不可欠だったとの事情もあったようです。ここに戦時における両国の緊密な相互依存関係を見ることができます。

（エ）また、デンマーク警察当局は占領から数年後にゲシュタポが入ってくるまで、引き続き治安維持の任務に当たり、このころ低調であったレジスタンスの取り締まりに協力します。

このようなナチスの「保護占領」に対し、デンマーク政府の中で一人公然と反抗する人物がいました。その名はヘンリック・カウフマン。彼はナチスのデンマーク占領時、在米ワシントン大使館の特命全権公使でした。彼の取った行動は危機時における外交官が取りうる選択の一つを示していて大変興味深いものがあります。

カウフマンの「単独外交」

カウフマンの理屈はこうです。すなわち「ナチス占領後もデンマークが主権を保持し、中立政策を維持しているのは全くのフィクションであり、畢竟デンマークの国王も政府もナチスのいわば人質にとられ、意思表示をする上で何ら自由はない。従って、デンマーク政府の発言や立場表明は信頼に足りぬものであり、ナチスの強制下にないデンマークの外交官達は自らの裁量により自由デンマークのために戦うべきである。これに対し本国政府がいくら反対の立場を取ろうと、それはナチスの統制下で言論の自由を封じられた者の声明であり、デンマーク国の真意ではない」というものでした。

デンマーク政府は案の定このカウフマンの立場に異を唱えますが、ルーズベルト米国大統領は彼の立場に理解を示し、本国政府が提示したカウフマンの後任人事につきこれを受け入れることはせず、敢えて曖昧な立場を取るのです。すると、デンマーク本国政府はカウフマンの「反逆」にしばし寛容になります。（注：通常特命全権大使や公使を受け入れる接受国は、その人物を受け入れるか否かを吟味し、受け入れる場合その承諾を意味する「アグレマン（同意）」を出します。これが得られないと派遣国は大使や特命全権公使を派遣することは難しいのです）

カウフマンもこの辺りの微妙な状況を察し、極力本国政府を刺激しないよう、積極的だが慎重なパブリック・ディプロマシーを展開します。彼は各国に赴任している同僚外交官達に自由デンマークのために団結するよう呼びかけます。また、戦時中連合軍側についたデンマーク商船の乗組員約六〇〇〇人に対し、連合国のために輸送活動をするように働きかけたのです。

さて、一九四〇～四一年アメリカは英国の大西洋輸送を支援するのですが、このときすでに英国はアイスランドとフェロー諸島を友好裡に占領しており、アメリカの関心はいかにグリーンランド南部に海軍及び空軍の拠点を開くかにありました。つまり、ナチスがデンマークを保護占領したからといって、デンマーク領グリーンランドが当然の如くドイツ占領下に入る事は受け入れられなかったのです。従って、アメリカは自由意思を有さないデンマーク本国政府とではなく、グリーンランド知事と交渉し軍事基地の建設に合意したのです。

しかし、ここでカウフマンはアメリカに対し、知事による合意を上回る内容を提示します。それはアメリカに対し、事実上無制限に同島へのアクセスを認めるというものでした。カウフマンのこの「単独外交」は、アメリカはいずれドイツとの戦線に参加するであろうこと、アメリカの国力は圧倒的であること、そして戦後世界はアメリカを中心とした世界になるであろうとの予見の下、今の時点でアメリカとの友好関係を強靱なものにしておくべきであるという信念に基づくものでした。

こうして、一九四一年四月カウフマン公使とコーデル・ハル国務長官との間で協定が結ばれたのですが、これこそが、アメリカがヨーロッパ戦線に直接関与する上で重要な一歩だったのです。

これに対し、デンマーク本国政府はカウフマンの単独行動が対独協調路線に反するのみならず、デンマークの中立政策にも反するとして反発し、カウフマンを罷免します。カウフマンは正式に国家反逆罪に問われ、欠席裁判で死刑をいい渡されます。しかし、彼は引き続き「私的外交」を継続するのです。アメリカ政府はカウフマンを自由デンマークの代表として正式に認め、グリーンランドから産出される戦略物資であるクリオライト（水晶石）の販売収入や凍結されていたデンマーク資産、さらにはデンマーク中央銀行がアメリカに保管していた金証券へのアクセスを認めたのです。このようなアメリカの支持を受け、カウフマンはあたかもデンマーク亡命政府代表のように行動し、連合国側に立った外交を推進します。後にこのカウフマンの単独外交が英米の指導者に高く評価され、戦後デンマークの国際社会における地位に大きく貢献することになります。

レジスタンス運動

それでは、上述のように政府・議会・経済界・国民が不本意ながらもナチスへの協力を余儀なくされる中、レジスタンス運動の実態はどのようなものであったのでしょうか。以下に、幾つかの事例を見てみましょう。

図5.1　コペンハーゲンのゼネスト（戦争博物館提供）

（ア）四〇年四月のナチス・ドイツによる占領時、デンマークにはこれに表立って抵抗する勢力はほとんどありませんでした。事実、最初のレジスタンス・グループといわれる「チャーチル・クラブ」がオルボー市（ユトランド半島北東部にあるデンマーク第四の都市）に組織され、最初の逮捕者を出したのは、四二年五月、占領開始から二年以上も経過した時点でした。このほかにも様々なレジスタンスの萌芽が見られますが、その規模はいずれも小さなものでした。

（イ）翌四三年になりますと、コミュニストを中心とした火炎瓶によるレジスタンスが頻発します。しかし被害はいずれも小規模で、デンマーク当局によりほとんど制圧されます。このころの治安維持はまだデンマーク警察によるもので、レジスタンスを制圧するのも当局の力で十分な程度だったのです。しかし、この治安問題が徐々にエスカレートし、遂に四三年九月、デンマーク当局に任せてはおけないとしてゲシュタポが介入してきます。拷問など恐怖による治安維持が始まります。逆にいいますと、このころまでデンマークのレジスタンス運動には組織も戦略も欠如していたといえます。

（ウ）デンマークにおけるレジスタンス運動がその「組織と戦略」を持ち始めるには、「自由評議会（Freedom Council）」の設立（四三年九月一六日）を待たなければなりません。自由評議会は、いわば左派と右派の混成組織で、コミュニスト、デンマーク・サムリング（Danske Samling）、フリー・デンマーク（Frit Danske）、そしてリンゲン（Ringen）の四グループからなり、左派はスペイン内戦（一九三六〜三九年）でフランコと戦った経験者、右派は「フィンランド冬戦争」（一九三九～一九四〇）に参加した愛国者、若い保守層、ボーイスカウト、デンマーク・サムリング等が中心になります。なお、ここでデンマーク共産党について触れますと、四一年夏まで共産党は合法的存在でした。しかし、同年六月にヒトラーがソ連に侵攻しますとデンマーク国内でもコミュニストの検挙・拘束が始まり、当初その数は二九五名に及んだといわれています。これ自体デンマーク憲法に対する違反であったのですが、その後の法律改正により拘束が合法化され、翌四二年にはさらに二四九名が逮捕されホーセロッド・キャンプ（Horserod Camp）に収容されます。

（エ）レジスタンスのメンバーは主に妨害・破壊活動（sabotage）によりドイツ軍（及びデンマーク当局）に抵抗します。軍需用の機械製造工場、自動車修理工場、造船所、鉄道などへの破壊工作により、ナチスの戦争遂行を妨害します。実際残っている数字によれば約二六〇〇ケ所の自動車修理工場、約一五〇〇ケ所の鉄道への破壊工作があったようです。また、四三年夏からは各都市においてストライキが発生します。現に四三年八月のゼネストは、デンマークのレジスタンス運動の転機であったといえましょう。四三年六月一〇日連合軍のシシリー上陸、同二五日のムッソリーニ失脚の報はレジスタンスを勢いづけ、ほとんどの都市でストライキが決行されます。そして、これ以降レジスタンスは単なる妨害・破壊活動から直接ナチス軍への攻撃を始めるようになります。

（オ）さらに、自由評議会を中心とするレジスタンス運動は物理的な抵抗に留まらず、ナチスの情報を連合軍に提供する活動も始めます。それをサポートしたのが英国SOE（Special Operations Executive）でした（注）。このレジスタンス支援組織はデンマーク各地に武器の空中投下を敢行します。この際、BBCデンマーク・ニュースは暗号を以てデンマークのレジスタンス・グループに投下場所と時刻を指定します。SOEはまた、人的支援として空から同志（agents）を送り込みます。この英国の支援組織により、デンマークレジスタンスは武器のみならず必要な情報さらには人材を得てその活動を本格化するのです。また、デンマークSOEはスウェーデン経由でドイツ軍の動向に関する情報を英国に流し始めます。SOEによる武器支援はこれまでドイツ軍あるいはデンマーク当局からの盗品に頼っていたレジスタンスの活動を格段に強化し、実際四四年以降彼らは直接ドイツ軍に対する攻撃を始める事になります。

因みに、コペンハーゲン市におけるレジスタンス組織であるBOPAとホルガー・ダンスクは約五〇〇丁の小型機関銃を自ら製造したといわれています。

（カ）このようなレジスタンス運動の結果、約六〇〇〇人が強制収容所に送られ、このうち約六〇〇人

（注）SOE：一九四〇年、英国戦時経済省の傘下に設立された特務機関（Special Operations Executive）。ロンドンに本部を置き、カイロに支部を設立。ナチス・ドイツに占領された国々のレジスタンス運動を支援し、連携を強化する目的で武器や特殊機材、情報を提供した。チャーチル英首相の言葉である"Set Europe ablaze"（欧州を燃え立たせよ）を実践すべく、連合軍の欧州侵攻までレジスタン地下組織及び亡命政府を支援した。後に米国の参戦を待って米国OSS（Office of Strategic Services：第二次世界大戦中の米国の政府機関。CIAの前身）と連携して活動。

が犠牲になったといわれています。その内訳はコミュニスト、ユダヤ人、デンマーク警察などです。レジスタンスの激化に対し、四四年六月二五日、ナチスはデンマーク全土に戒厳令を敷き、外出を禁止し、電気、水道を止めます。しかし、これに反発した自由評議会は、逆に全土にストライキをかけ、激しく抵抗します。ナチスが外出禁止令を解除し、秘密警察を解散するまでこの抵抗は続いたのです。また、この頃になりますと、デンマーク政府によるレジスタンスへの資金援助が社会省を通じて直接行われます。同時に、ナチスの命令に背いた約一七〇〇人の警察官がゲシュタポにより逮捕され、強制収容所に送られます。このような状況下で、デンマーク警察官約七〇〇〇人がレジスタンス側に就き、地下運動に参加するという事態を招きます。ここに、ナチスに対するレジスタンス運動は政府・官憲を巻き込んだ国民運動へと発展することになるのです。デンマーク全土で、終戦時に約四万五〇〇〇人がレジスタンスに参加したといわれています。しかしこの数字はその後の調査により徐々に増加し、二〇一二年の報道によれば、直接・間接に参加したレジスタンスの総数は約八万人に上るとされています。

（キ）ここで占領時から一貫してナチスに対し抵抗した強力なグループについて言及しなければなりません。それは、デンマークが誇りとするseafarers（船員）達です。占領の第一報を受けたとき、ほとんどの船会社はすでに出港していた船舶に帰港を命じます。「即、母港に帰れ」との打電が各船舶に出されます。しかし間もなく事情を察知した船員達の反応は大きく分かれたのです。デンマーク軍の諜報機関はその模様と経緯をストックホルム経由でロンドンに流しています。結果は約六三〇〇名の船員が頑として帰国を拒み、連合国側、特に英国に向かい、以降約五年間に亘って連合国側の物資補給に従事することになるのです。

（注：ここで、船員達を「デンマークの誇り」と書きましたが、かつてバイキングとして世界に羽ばたいたデンマークは、世界有数の海運国であり、今でもたとえばマースク・ライン社は世界一の船会社として多くの若者を採用しています。おそらく大学を卒業した優秀な学生達が船会社に就職するという国はデンマーク以外に多くはないでしょう。こうした人材がデンマークの海運業を発展させて来たのです。）

（ク）しかし、以上のレジスタンス運動があったにもかかわらず、デンマークは最後まで連合国の一員として正式に認知されたことはありませんでした。辛うじて、ソ連により「戦っているデンマーク（fighting Denmark）と呼ばれていたに過ぎないのです。

ユダヤ人を救え

他方、このようなレジスタンス運動とは別に、デンマーク国民によるナチスに対する抵抗の象徴としてよく指摘される「事件」があります。それはユダヤ人の救出劇です。一九四三年に入ると、それまで比較的緩いといわれたナチスによるデンマーク占領政策に転機が訪れます。いわゆるユダヤ人狩りの指令が出されたのです。それまでのナチスは戦時経済下におけるデンマークの協力を確保したいとの思惑から、デンマーク国内のユダヤ人に対し強硬な政策を取らずにいました。これはコペンハーゲンのドイツ大使であるW・ベスト将軍のみならず、ヒトラー総統、リッペンドロフ外相始めベルリン政府の意向でもあったようです。

しかし一九四三年九月二八日W・ベストは本国の指令として一〇月一日から二日にかけて、デンマーク在住の全てのユダヤ人を収容するとの決定をします。これ以前からこの不穏な動きについて協議していたスヴェニングセン外務次官は深刻なジレンマに悩みますが、結局「デンマークの法制度上そのような措置は不可能」として頑として突っぱね、その後の度重なる圧力に対しても「デンマークにはユダヤ人問題はない」として拒否します。これに対しナチスはデンマーク政府の抵抗を最小限に抑えるよう、夜陰に紛れて静かにユダヤ人狩りを強行しようとしたのです。これを知ったW・ベスト将軍の部下でナチス党員でもあったG・F・ドックヴィットが勇敢な行動に出ます。彼は密かにこれを知己であるハンス・ヘットフト社民党指導者とスウェーデン大使館員に密告するのです。ヘットフトはこれをユダヤ人コミュニティーの指導者カール・ヘンリックに伝え、この警告は瞬く間にユダヤ人の知るところとなります。

一〇月一日まで余裕が全くない非常時でした。このときユダヤ人の友人に留まらず、医者、看護師、教師、学生、牧師、タクシーの運転手など全くユダヤ人と関係のないデンマーク人がこの逃避行を各地で支援したといいます。シナゴーグではラビが祭祀を取りやめ、即刻全てのユダヤ人家族にこの警告を知らせ、翌日の未明までにデンマークから逃れるように指示します。具体的には狭いスウェーデン国境であるオーレスン海峡を漁船や小舟で逃亡する計画に多くのデンマーク人が危険を顧みず支援します。この救出劇は決して組織化されたものではなく、沿岸に住む漁民や一般市民による人道的な自発的行動であったといいます。十月一日の夜、ユダヤ人家庭のドアをノックしたゲシュタポが見たのはほとんど空の家だったといいます。実際強制収容されたのは警告を知らなかった老人や病人約二〇〇人だったのです。彼らはチェコのテレージエンシュタット強制収容所に送られました。

シェラン島の北端にギレライヤという小さな漁村があります。ここにその当時のユダヤ人救出劇の資料を展示した小さな博物館があります。裏庭の海に面した崖から何十隻もの漁船がユダヤの家族を船底に隠しながら対岸のヘルシングボリーまで何度も往復したといいます。今も二隻の漁船が展示されています。船底に幼いユダヤの子供達が隠れている様子が当時の救出劇の切迫した状況を物語っています。このような逃避行に協力した人の中にはナチスによる発覚を恐れて終戦後までスウェーデンに留まった人も多くいたようです。このような勇気ある行動により約三〇〇隻の漁船や小舟で約六五〇〇人ものユダヤ人が救出されたといいます。この数字は他のヨーロッパ諸国、たとえばノルウェーでは四八％、オランダでは七五％のユダヤ人が犠牲になったのと比較すると、この逃亡劇がいかに成功を収めたかを示しています。

戦後ナチスによるホロコーストの惨状がヨーロッパ各国で徐々に明らかになるにつれて、このデンマークにおけるユダヤ人救出劇の事実も明らかにされました。イスラエルは官民こぞって、これらデンマークの市民達を顕彰します。今も、テルアビブのホロコースト記念館（ヤド・ヴァシェム）ではG・F・ドックヴィットとデンマーク国民を「諸国民の中の正義の人」として顕彰しています。また、ギレライヤ博物館には当時のイスラエル首相からの感謝状が保管されており、裏庭にはユダヤの彫刻家が寄贈した

図5.2　ギレライヤのユダヤ人救出船（著者撮影）

図5.3　ギレライヤに建つ「自由」の像（著者撮影）

ナチスからの解放を高らかに世界に知らせる彫刻像「自由」が置かれています。このギレライヤ博物館には小中学生のみならず多くのデンマーク人が訪れ、戦時中の親の世代の勇気ある行動について学びます。それは単に戦争中の誇れる美談に留まらず、それによってデンマーク人が自由陣営に立ったことを示す証左なのです。そして、この「非合法な」救出を経験したデンマーク人の多くがレジスタンスへ身を投じていったといいます。さらに、このユダヤ人救出劇が終戦直後のデンマークの国際的イメージの改善に大きな役割を果たしました。歴史家ボー・リデゴーは次のように述べています。「各国国民は戦時中のデンマーク人が本当にナチスと戦う気があるのかと疑惑の念を持った。しかしユダヤ人の救済で示された勇気と果敢な行動は、ユダヤ人を救済したに留まらず、永年デンマーク人が育んできた人道主義と民主主義という価値を自らの手で守り、デンマークが自由の側に立ったことを示したのだ」。

それではなぜデンマークにおいてユダヤ人の救出が成功したのでしょうか。これには大きく三点ほどの理由があったようです。第一にデンマーク社会におけるユダヤ人のあり方、つまり「デンマークにおいてユダヤ人問題は存在しない」といわれたようにユダヤ人は他のヨーロッパ諸国と比べるとデンマーク社会に良く溶け込み、受け入れられていたようです。次にスターリングラードの攻防戦におけるドイツの敗北（一九四三年一月）以降、スウェーデンが「ドイツ寄りの中立」から「連合国寄りの中立」に変化し、これがスウェーデンの支援を可能にしたといわれます。そして三番目にデンマークのドイツ正規軍がナチス党によるユダヤ人狩りを快く思わず、政策遂行に消極的であったなどの事情があった様です。

占領時の総括――協力か抵抗か――

それではこのような五年に亘るナチス・ドイツの占領に対しデンマーク政府及び国民が取った政策や反応をどのように評価すべきなのでしょうか。実はこの問題は旧くて新しく、戦後デンマークの知識人を常に悩ましてきた問題といえるでしょう。実際この問題について数多くの書籍や論文が出され、戦後七〇年以上たった今でもデンマークの知的リーダー達から問題提起がなされているのです。たとえば、最近までNATO（北大西洋条約機構）事務総長を勤めたアナス・フォー・ラスムセン元首相は、事務総長として初めて中東湾岸地域を訪問したとき、第一次世界大戦から戦間期におけるデンマークの取った中立政策を「偽善的」だとし、また、ナチス占領時の政界・経済界が取ったナチスへの政策を協力的であったと指摘し、これを二度と繰り返すことのないよう、デンマークは自由と平和な世界へ貢献すべく国際社会の先頭に立つべしと主張しました（二〇一〇年三月一四日。ベアリングスケ紙）。

以下に、この議論を垣間見てみましょう。

（ア）まず、一九四〇年四月九日のナチスの侵攻に対し、時のデンマーク政府首脳が目立った抵抗を示さず、これを「容認」したことは、国土保全、民主主義、政治的独立及び中立政策の確保（戦争の回避）のためやむを得ざる措置であったとはいえ、ナチスへの協力に他ならないとする主張は以下の点を指摘するのです。

（a）指導者がナチスに妥協し、毅然とした対応をしなかった。
（b）防共協定に参加した。
（c）対ソ戦へ参加（約六〇〇〇人の東部戦線参加）し、これを政府が容認した。
（d）デンマーク産業界がドイツ軍需産業に協力した。
（e）政府は初期レジスタンス運動へ懐疑的姿勢をとった。

（イ）他方、デンマークは最終的にはナチス・ドイツへの抵抗勢力であったとする主張は以下を指摘します。

（a）四三年九月の国王による議会停止以降、デンマークはドイツと戦争状態に入った（それ以降のレジスタンスの激化がその証拠であり、ナチスが要求したストライキの禁止、報道規制、特別裁判所の設置、サボタージュへの極刑の導入などは、デンマーク国家の基本的価値と相容れず、これを機にデンマーク全体が抵抗期に入った）。
（b）レジスタンス運動は、一貫して連合国の英国SOEとの連携の下に行われた。
（c）外国の一部デンマーク政府機関（含む外交官）及び海員達は連合国側に就いて協力した。
（d）戦後デンマークは国際連合を創設したサンフランシスコ会議に代表団を送り、準戦勝国として待遇された。

この「協力か抵抗か」の議論は、これが今でも様々に取り上げられているところを見るとやはり両面を有していたものと考えられます。「協力か抵抗か」ではなく「協力の時期も抵抗の時期も」あった、あるいは「デンマーク自体が協力勢力と抵抗勢力に分裂していた」のであって、「われらデンマーク人は……」と一概にいえる事ではない、ということだったのでしょう。

しかし、いずれの立場に立とうとも、デンマーク政府が取った立場はデンマークを焦土から救った「やむを得ざる」賢明な政策であったという点は、一般に受け入れやすい議論であるように思えます。また、当時の立場を正当化するものとして、（ア）デンマーク政府のみならずイギリス政府でさえも、デンマークがナチスと戦い、その結果ナチスがデンマークを完全に占領することを望ましいとは考えていなかった。（イ）仮にナチスが完全に占領していたら、戦後ナチス崩壊時にデンマークはソ連により「解放」され、共産化していた可能性がある。これは、戦後一時ソ連がボーンホルム島を占領し、来たる冷戦に備えようとした例からも分かるという事実があります。

サンフランシスコ会議への参加

一九四五年五月にナチスが連合国軍に降伏すると、デンマーク政府内でレジスタンスを指導してきた二人の人物がデンマーク外交を指揮することになります。一人はJ・K・ムラー。彼は外務大臣に任命されます。そして、カウフマン駐米公使。彼は特使として外務大臣を補佐します。その当時のデンマーク外交の最大の課題は国際連合の創設のために招集されるサンフランシスコ会議にいかに招聘されるか、だったのです。問題はこの会議は戦勝国である連合国の会議であり、会議への参加資格として二つの条件が課されました。第一に、ドイツか日本と戦争状態にあったこと、第二に、一九四二年の国際連合宣言（いわゆる大西洋憲章）の署名国であることでした。カウフマン特使はこの二条件を満たさないデンマークの会議参加に向けて奔走します。まずデンマークの立場に理解を示してくれていた英米にアプローチし、両国から共感を得て会議参加の支持を得ます。当初消極的であったソ連も結局カウフマンの説得に妥協しこれを認めたのです。なお、デンマークは終戦間際に日本に形式的ですが宣戦を布告します。

このようにデンマークは正式には一度もドイツと戦争状態になかったにもかかわらず準戦勝国として認められ、国際連合の現加盟国五一ケ国の一員として歴史に名を残します。そして、カウフマンはデンマークの代表として国際連合憲章に署名する栄誉に与かったのです。その背景には、カウフマンの単独外交もさることながら、戦争後期から活発になったレジスタンス運動や、危険を犯してユダヤ人の逃亡を支援したデンマーク国民の勇敢な行為があったとされています。

対独感情

この本の冒頭のコラム「遣欧使節団の見たデンマーク」の中で、一八六四年の第二次スレスヴィヒ戦争での敗北後、デンマーク国民が抱いた対ドイツ感情の強さについて触れました。それでは、ここで、デンマーク人が戦後から現在に至るまでどのような感情をドイツ人に対して持っているのかについて触れたいと思います。

戦後、最もやっかいな問題としてドイツ難民問題がありました。一説には一〇万人、デンマークの当時の人口の約五％にものぼるドイツ難民が主に東ヨーロッパから流入してきます。家族を引き裂かれた難民達は悲惨な状況下で、着の身着のまま逃れ、デンマーク各地の学校や体育館に収容されました。そして、これがユダヤ人問題に次いでデンマークにとって人道主義をテストされる状況になったのです。なぜなら、終戦当時、だれもドイツ難民を歓迎できる状況にはなかったからです。

ユトランド半島の北東部に位置する港湾都市フレデリックス・ハウン市もその例外ではありませんでした。市の外れに大きな墓地があります。代々の日本大使はここに眠るJ・クヌッセン機関長（一九五七年、紀州日の岬沖で難破した日本漁民を救助しようとして溺死）を顕彰するため墓参に訪れますが、筆

図5.4　フレデリックス・ハウン市のドイツ難民墓地（同市提供）

者が墓参した時、市の職員のミナ女史がそこから少し離れた場所に案内してくれました。そこには戦時中物資や武器をデンマークに投下しようとしてドイツ軍の犠牲になった英国人兵士に加えて、英国王立空軍に参加したオーストラリアやニュージーランドの兵士達の墓が数十基建てられていました。そして、その横にこれも数十基の小さな墓石があります。ミナ女史曰く、「これらは実は戦後ここに辿り着いたドイツ難民の墓です。約五〇〜六〇基ありますが、中には幼児のものもあります。当時フレデリックス・ハウンの住民達はドイツへの嫌悪感が故に、心から彼らを受け入れることができなかったのです。そして市民達は不衛生な状況下にいるドイツ難民に手をさしのべることに躊躇したのです。その結果幼児を含む多くの難民達が次々と死んでゆきました。この話は戦後この市が抱えた暗い歴史の一面ですが、私たちはこれを隠すことはしません。」終戦直後のドイツ難民へ手をさしのべなかった暗い面を話す女史。そして、それを公にして、当時の状況を学び、考える糧にしているのです。この辺りに戦後デンマーク社会の開かれた姿を見て取ることができます。デンマーク人はドイツ難民の受け入れを拒否することはしなかったが、心情として積極的に助けることもできなかったのです。

このようなドイツ人への感情は、戦後六〇年以上経った今では多く語られることはありません。デンマークでは日本で時々行われている外国に対する世論調査がないため、一般的に対独感情がどのようなものかについて理解するのが難しく、「戦時の経験によって、あるいは世代によって異なる」としかいえないのです。しかし、私が接した範囲で、ドイツに対し複雑な感情を持っている例を紹介します。

その一つは、あるメディアに勤める幹部職員(複数)ですが、彼らはたまたま親がレジスタンスに参加し、幼い頃からその話を繰り返し聞いて育ちました。成人した後、自分が数年間ベルリン特派員として勤務していた時、彼女の父親は一度も自分を訪問してくれなかった等の逸話を紹介してくれました。しかし、彼らは同時に、自分の子供の世代、特に今の世代はドイツに友好的な意識を持っていることも強調していました。もう一つは、もう八〇歳近くになる元外交官夫人ですが、彼女曰く、「長い間そのことを話題にするのは憚られた。そういうことが話題にできるのはごく最近になってからです」といいます。この辺りが、デンマーク人のやや微妙な対独感情を示しているのかもしれません。

コラム　海の英雄クヌッセン

島国で海洋国家である日本には古くから海難をめぐり、悲しくも美しい話が数多くあります。一八九〇年に起きた和歌山県串本町沖で遭難したトルコ艦船エルトゥールル号救出事件は有名ですが、同じ海洋国家であるデンマークとの間にも同様の話があります。

一九五七年厳冬の二月、神戸港を出港したエレン・マースク号は、和歌山県日ノ岬の沖合を航行中、燃え盛る漁船を発見します。風速二〇メートルの時化（しけ）の中、マースク号は懸命に漁民を救助しようとします。嵐のため救命艇をうまく操縦できない中、一人の漁民がマースク号の縄梯木にたどり着いたのですが、あと一息のところで海中に落ちてしまいます。それを観ていたクヌッセン機関長はすぐに救命ベルトを締め海に飛び込みました。彼は必死で漁民を助けようとしますが、荒れ狂う波の中に二人とも飲み込まれてしまったのです。

翌朝クヌッセン機関長の遺体と壊れた救命ボートが日高町の田杭港周辺で発見されます。警察官が昨晩のクヌッセンの勇気ある行動を語る中、集まった地元の人たちは「そのようなことは神のみができることだ」と涙をぬぐい、その手は自ずと合掌に変わっていたと伝えられています。その後日高町田杭地区には供養塔が建てられ、また海を見下ろす美浜町日ノ岬にはクヌッセン機関長の胸像が建てられています。また、一九六〇年代になり、クヌッセンの勇気ある物語が教科書「小学校5年国語下」や副読本で紹介されています。また、この地の人々は海が荒れる時化の天候を「クヌッセン日和」として言い伝えて

和歌山県美浜町日の岬に立つクヌッセン機関長の像。前に写っているのは同機関長の勇気を顕彰し続ける和歌ローリガンズのリーダー新家兄璽氏。(写真提供：新家兄璽氏)

いるようです。

さらに、これがご縁でクヌッセンの生地フレデリックス・ハウン高校と日高高校の生徒達による交流も続き、両校は姉妹校として友情を深めています。このような美しい話が草の根レベルで両国間の信頼関係を支えているのです。

病院船ユトランディア

次にデンマークの年配者が誇りにしている美談の一つに病院船ユトランディアの活躍があります。二〇一一年の初夏に私は、韓国から来たリトルエンジェルのショーに招かれました。小学生ぐらいの男女のダンサー達が綺麗な民族衣装をまとい、参加者約二〇〇名の前で素晴らしいパフォーマンスを披露しました。冒頭、韓国人の事務局長が病院船ユトランディア号の話を紹介します。ユトランディア号で働いた人々の生存者約三七名の名を呼び、感謝の気持ちを温かく話し出します。このリトルエンジェルの公演はデンマークが朝鮮戦争時に送った病院船ユトランディア号の生存者への謝恩会だったのです。

一九五〇年六月、約一〇万に及ぶ朝鮮人民軍の南下を機に、三年以上に及ぶ凄惨な朝鮮戦争が勃発します。これを受けて国際連合の安全保障理事会は「決議82」を採択し（賛成九、反対〇、棄権一）、北朝鮮の行動を非難し軍事行動の停止と撤退を要請したのです。ソ連は拒否権を使えませんでした。というのもその頃ソ連は中華民国と中華人民共和国との代表権問題を巡って国際連合のとった立場に抗議し、年初から安保理を欠席していたためです。つまりソ連は安保理決議の採択を黙認せざるを得なかったのです（なお、これを機に国連総会は前例のない動きにでます。米国のアチソン国務長官が立案した計画が特別緊急総会で審議され、「平和のための結集決議」と呼ばれる決議377号が採択されたのです。これにより、国連加盟国は安保理の機能不全の状況下でも総会の二／三の多数決により「国際の平和と安全の維持」のため「集団的措置」を取ることができるようになったのです）。

このような経緯を経て二二ケ国が国連の旗の下に朝鮮半島に参戦しました（因みに日本は主権回復前

で国連軍には参加できなかったものの、約八〇〇〇人規模で掃海艇を派遣)。そして、デンマークもその一ケ国だったのです。国連の現加盟国としてデンマークが派遣したのは軍用の病院船「ユトランディア号」でした。総計約六〇〇人の定員に三倍の一八〇〇名の医師や看護師が全国から応募したといいます。そして主にソウルを中心に約二年間医療活動に従事しました。軍の病院船ですから、本来は負傷した軍人の手当に当たるのですが、半島の南部にまで戦火が拡大すると、一般市民が多数犠牲になります。その時ユトランディア号は大きく基本方針を変え、一般の韓国市民や子供達を収容する決断をしました。その時の船内の惨状は言語を絶する状況であったといいます。

たまたま私のテーブルの隣に座っていたクリステン氏は三七名の生き残りの一人ですが、当時は二〇歳の麻酔師として参加したといいます。「時々休暇で日本にも行ったよ」と話してくれました。病院船の中は戦場そのもので、血液が圧倒的に不足していたのです。すると勇敢な看護師達が自らの血液を輸血する挙に出たのです。そして、戦後多くの朝鮮人孤児を連れ帰り養子として育てたといいます。このくだりになりますとスピーチをしている韓国人の事務局長は感極まり、スピーチを続けることができませんでした。会場から大きな拍手がわきます。

このユトランディア号の話は、最近の若い世代は必ずしも知りませんが、クリステン氏によれば、大戦中ナチスの占領を容認し、なすべくもなくドイツに従った戦時期の反省が、朝鮮戦争にデンマークを参加させ、国民の中にも国際社会に貢献しようとの意識があったのだといいます。

イラク、アフガニスタンへの出兵

このような歴史的な経緯と人道主義に基づいてデンマークは国際貢献に積極的です。デンマークに一九九〇年に成立した自由・保守連合は国際社会が求めれば軍隊の派兵も辞さないとする積極的な外交を展開します。イラク戦争には約四七〇人、アフガニスタンへは常時七五〇名を派兵しています。アフガニスタンでは最も治安状況の悪いとされている南部のヘルマンド県で英国とともに治安維持活動に従事しています。

私が赴任していた二〇一一年末、通勤途上ローセンボー(バラの城)近くの兵舎に半旗が掲げられました。「またか」と心が痛みました。最も治安の悪いヘルマンド県に派遣されている兵士の一人がまた殉職したのです。これまで四〇人以上の兵士が尊い命を失いました。この数字は、派遣国中最も高い犠牲率になります。この平和な北欧に位置する豊かな国に生まれ、歴史的にさほど縁が深いわけでもない遙かアフガニスタンでデンマークの若者が何故命を落とさなければならないのか、一見すると理解しがたい面があります。しかし、デンマーク人は世界に向けて活動の場を求めなければ生きてはゆけない、だから世界のどの片隅であろうとも派兵を惜しまない、といいます。国際社会の一員として平和と安全のために喫緊な課題を共に解決するのだという意気込みが感じられます。

近時の例でいいますとリビアが混乱に陥ったとき、デンマークは他のヨーロッパ諸国と共にNATOの一員としてF16戦闘機を六機派遣してカダフィ独裁政権と対峙しました。また、NATOの一員として、ソマリア沖の海賊対策作戦「オーシャン・シールド」に巡視艇二隻(アブサロン号、エスビアア号)を派遣しました（注）。

このように複雑な第二次世界大戦時の歴史的経緯を背景に、国際社会に対し決然として自国兵を出しているこの小国の国民は偉大です。世界を相手に大きな抱負と展望を持ち、国際社会の一員として可能な限り責務を果たさんとする姿勢には胸を打たれます。

（注）世界有数の海運国デンマークにとって「航行の自由」の確保は死活的に重要です。ソマリア沖の海賊対策のため、NATOの作戦（オーシャンシールド）の一環として戦闘支援艦アブサロンとエスビアンスナーレの二隻を派遣し、各国船の護衛を行ってきました。日本が派遣したさざなみ、むらさめ等の護衛活動を最も高く評価しているのはデンマークです。この作戦はかなりの成果を上げてきましたが、デンマークは中国の海洋進出に対しても、さまざまな国際会議で「南シナ海の航行の自由」の原則を主張しています。海洋国家日本にとって、小国ですが頼もしい国です。

あとがき

東日本大震災が起きた時、私はデンマークに赴任していました。あれから六年が経ち、二〇一七年に日本とデンマークは国交樹立から一五〇年を迎えました。

日本はこれまでも幾度となく地震や津波など自然災害にあってきた「災害大国」です。ただ今回の大震災がこれまでと大きく異なるのは、マスメディアの発達により世界中の人々が押し寄せる津波の脅威を目の当たりにし「疑似体験」したことでしょう。津波（tsunami）は今や国際語になり世界中が、最悪の状況下でも礼節を保ち整然と行動する日本人の姿に驚嘆し、称賛と支援を惜しみませんでした。

実際震災直後に被災者が示した行動は、日本人、とりわけ東北地方の人々が厳しい自然環境の中で育んできた「忍耐と他者への気遣い」という美徳を図らずも示したことになったようです。CNN等国際メディアはそれを日本人の「しなやかな強靭性（resilience）」と表現しました。実際被災された高齢者達が「もう一度やり直したい」という言葉を口にしたことに私も心動かされました。戦後の惨状化で復興に邁進した世代。その人たちが人生の晩年に遭遇した未曽有の災害にうなだれることなく再度立ち上がろうとする姿に国際社会は驚いたのです。国際メディアはこれを"They refused to give up."（彼らは諦めることをしない）と報じ、その強靭性の強さにほとんど感動的な報道を繰り返しました。

被災地に飛び込んだCNNの女性記者が、長男を失った若い母親に「大丈夫ですか（Are you all right?）」とインタビューした時、母親は涙を流して「私は大丈夫でなんかない。ただ、兄を失った次男が気丈にしているので私も大丈夫な振りをしているだけだ」と答える場面が報道されました。被災された方々の真実を垣間見せるレポートでした。このように被災者たちはそれぞれの心に深い傷を負いながら、異常な状況下でも日常を失わず、お互いに支え合っていたのです。

五月中旬に日本のメルビン・デンマーク大使から「被災者を激励するため、急遽フレデリック皇太子が訪日する」という電話が入り、実際皇太子は六月中旬に、福島がまだどうなるかわからない中、激しく被災した東松島市に入ります。仙台市から車で四〇分。高速道路の海側に延々と続く瓦礫の山。同じ方向に倒れた樹々。ご遺体の発見に立ち止まる車列。そういう中に皇太子は足を踏み入れ、仮設住宅の前に立ち尽くす被災者に声をかけられます。浜市小学校では子供たちと給食を取り、サッカーの試合に参加。同じデンマークチームに加わった私に「アンバサダー佐野はオウンゴールしてもいいよ」と呟きます。赤井南保育園では幼児の中に飛び込み、レゴブロックをプレゼントし、また日本三景の松島では遊覧船に乗られ、鴎がたくさん飛び交う中「自分は日本が安全であることを世界に示したかった」とのメッセージを発します。観光地の東松島が最も欲しかった言葉だったことでしょう。こうして「北の国からやってきた王子様」に勇気づけられたのは被災者の方々だけではなかったのです。

これに先立つ三ケ月多くのデンマーク在留の邦人やデンマーク政府、国民そして企業から暖かい支援を受けました。マルグレーテ二世女王、ラスムセン首相（当時）など要人からの親書、緊急チームの派遣、二万四〇〇〇枚の毛布、多くの関連企業による献金、マースク・ラインによる緊急物資の無償運搬、ヘルブスト牧師による教会でのミサ、日本大使館の前にキャンドルサービスに集まった学生たち、邦人

保育園児に交わるフレデリックⅡ皇太子（著者撮影）

音楽家たちにより繰り返されるチャリティーコンサート、街頭募金に応じてくれた市民たち、お母さんに促されて小さな手から五クローネを私に渡してくれた女の子。東京でも「自分は被災者を助けたい」として、まだ放射能の危機が報道され、多くの外国人が日本を離れる中、単身被災地に乗り込んだメルビン大使。そのようにデンマーク人は未曽有の危機に瀕している日本人に寄り添おうとしたのです。

苦境にある時こそ人間が試されるといいます。国家も国民も同様でしょう。困難な時ほど国や国民の価値や生命力が問われます。一八六四年プロイセン・オーストリアとの戦争に敗れ、肥沃な南部二州をドイツに割譲したデンマークは未曽有の国難に直面します。国王はプロイセンの属国になることもやむなしとの覚悟でしたが、国民が反発します。そしてデンマーク人は再び祖国の復興に向けて力強く立ち上ったのです。

私たち日本人も「試されている」のです。震災から六年を経た今、改めて希望と志を失わず、日本人が営々と築きあげてきたこの美しい国を智慧と力を出し合い、未来に向けてもう一度再建することが私たちに求められていることではないかと考えます。

デンマークの歴史がそのことを私たちに教えているように思います。

おわりに、本書出版に協力を惜しまなかった多くのデンマークの関係者及び推薦の言葉を快く引き受けて下さった川口順子先生（元外務大臣）、適切な助言をくださった村井誠人早稲田大学教授をはじめとする日本の友人達、出版への道筋をつけてくださった谷口聡人東海大学教授（前同大学ヨーロッパ学術センター所長）、稲英史、原裕東海大学出版部の両氏に厚くお礼を申し上げます。

美代子、絵里花、宏樹へ

平成二九年秋　東京晴海にて

佐野利男

参考文献

はじめに

（1）World Happiness Report（世界幸福度ランキング）2017
（持続可能な開発ソリューション・ネットワーク）

（2）なぜデンマークは幸福度世界一なのか　小島ブンゴード孝子　2012年1月
北海道生産性本部寄稿

（3）米欧回覧実記　久米邦武編著　水澤周訳　慶応義塾大学出版会　2008年6月

第1章　自立した「個人」の確立をめざして（デンマークの教育）

（1）The Way Forward is Based on Trust, Professionalism and Joint Responsibility, Hanne Longreen, 29 Mai 2012

（2）Principles of Problem and Project Based Learning, Aalborg PBL Model, Aalborg University

（3）福祉の国家は教育大国　デンマークに学ぶ生涯教育　小島ブンゴード著
丸善ブックス　平成16年3月

（4）デンマーク国民をつくった歴史教科書　ニコリーネ・マリーイ・ヘルムス著
村井誠人・大溪太郎著　彩流社　2013年2月

（5）平らな国デンマーク　高田ケラー有子　NHK出版　2005年

（6）Saxo Grammaticus, The History of The Danes, Books I-IX, Peter Fisher,Translation 1979

第2章　開かれた労働市場（デンマークの労働事情）

（1）デンマークの失業保険　失業保険とフレクシキュリティー　菅沼隆（立教経済学研究
第64巻　第3号　2011年）

（2）欧州各国の雇用政策の現状　Jetro　2009年

第3章　福祉社会の成立と課題

（1）デンマークの高齢者福祉政策をささえるもの　関龍太郎著（海外社会保障研究Spring 2008 No. 162）

（2）デンマーク福祉国家の歴史的変遷とシティズンシップ

（救貧法からアクティベーションまで）　島内健（立命館産業社会論集　２０１０年12年）
（3）The Dynamic of Social Solidarity: The Danish Welfare State, 1900-2000, Niels Finn Christiansen & Klaus Petersen
（4）福祉の国からのメッセージ　デンマーク人の生き方・老い方　丸善ブックス　１９９６年
（5）デンマークが超福祉大国になったこれだけの理由　ケンジ・ステファン・スズ　合同出版２０１０年４月
（6）デンマークの光と影ー福祉社会とネオリベラリズム　鈴木優美　壱生社　２０１０年

第４章　国民の総意としての環境・エネルギー政策

（1）DK Energy Agreement, March 22 2012
（2）Danish energy policy, focus on wind energy and waste to energy, Mr. Morten Baek, deputy Permanent Secretary, Danish ministry of Climate, Energy and Building, September 2013
（3）Introduction to Local Government Denmark（LGDK）
（4）Why does Denmark not have nuclear power, Berlingske, 29 March 2011
（5）完全なエネルギー自給コミュニティー　ゾーレン・ハーマンセン、サムソー島エネルギーアカデミー代表　２０１１年
（6）ロラン島のエコ・チャレンジ　ニールセン北村朋子著　２０１２年７月

第５章　デンマーク人のメンタリティー

（1）Frederikshavn War Cemetery -an imprint of World War II-
（2）The Museum of Danish Resistance, 1940-1945
（3）ユダヤ人を救え!　エミー・E・ワーナー　池田年穂訳　水声社２０１０年10月
（4）A Short History of Denmark in the 20th Century, Bo Lidegaard, 2009, Gyldendal
（5）Defiant Diplomacy, Henrik Kauffmann, Denmark, and the United States in World War II and the Cold War, 1939-1958, Bo Lidegaad, translated by W. Glyn Jones, 2003 Peter Lang Publishing, Inc., New York
（6）北欧の外交ー戦う小国の相克と現実　武田龍夫著　東海大学出版会　１９９８年８月

佐野　利男（さの　としお）
1952年千葉県銚子市生。東京大学法学部卒業、米国スワスモア大学留学。77年外務省入省以降主にエネルギー、経済協力、軍縮など機能局を歩み、フランス、インドネシア、アメリカ（ニューヨーク）、スイス（ジュネーブ）、サウジアラビア、デンマークに赴任。大臣官房総括抜審議官、軍縮不拡散・科学部長、駐デンマーク特命全権大使、ジュネーブ軍縮会議日本政府代表部特命全権大使を歴任し、2017年2月退官。

女神《めがみ》フライアが愛《あい》した国《くに》
――偉大《いだい》な小国《しょうこく》デンマークが示《しめ》す未来《みらい》――

発　行　二〇一七年十一月三十日　第一版第一刷発行
著　者　佐野利男
発行者　橋本敏明
発行所　東海大学出版部
〒二五九―一二九二
神奈川県平塚市北金目四―一―一
電話〇四六三（五八）七八一一
FAX〇四六三（五八）七八三三
URL http://www.press.tokai.ac.jp/
振替〇〇一〇〇―五―四六六一四
印刷所　港北出版印刷株式会社
製本所　誠製本株式会社

装丁　中野達彦

ISBN978-4-486-02162-9